Matthias Brandt

PROJEKTMANAGEMENT

— FÜHRUNG MIT ERFOLG —

Wie Sie mit einfachen Methoden aus Psychologie und Wirtschaft zur erfolgreichen Führungskraft werden und durch effektive Kommunikation Projekte richtig managen

JS - Buchvertrieb
Bücher, Ebooks, Hörbücher und mehr.

Jan Sergienko - Buchvertrieb
Ekhofstraße 31 , D-22087 Hamburg

Originale Erstauflage: Oktober 2019

Coverbild: Tetiana Yurchenko / Shutterstock

Druck / Auslieferung: Amazon oder eine Tochtergesellschaft
Independently published

ISBN: 978-1707495825

INHALT

Einführung

Warum sollte man eigentlich so viel Aufwand in das Projektmanagement stecken? Diese Frage können viele Menschen nicht beantworten. Das Thema vermag fade und langweilig erscheinen, bürokratisch und praxisfern. Doch oft wird dabei etwas Entscheidendes vergessen:

Maler benutzen Pinsel und Farbe, Gärtner Harke und Schere, die Feuerwehr Wasserschläuche und Feuerlöscher. Stellen Sie sich einmal vor, besagte Maler würden nur vertrocknete Farben zum Streichen benutzen, Gärtner indessen stumpfe Scheren und die Feuerwehr ausschließlich halb gefüllte Feuerlöscher.

Im besten Fall kostet das zusätzliche Zeit und Kraft, im schlimmsten Fall endet die Arbeit, so wie das von der Feuerwehr zu löschende Haus, als Ruine. Genauso ist es auch beim Projektmanagement. Benutzen wir nicht die richtigen Werkzeuge, verschlingen Projekte Ressourcen, Zeit und Geld. Aus diesem Grund ist es wirklich entscheidend, Projekte effektiv zu managen.

Versuchen Sie einmal, den Beruf des Projektmanagers wie einen beliebigen Handwerksberuf zu sehen. Genau wie Schreiner, Tischler und Dachdecker haben auch Projektmanager einen „Werkzeugkasten“, d. h. Methoden und Strategien, mithilfe derer sie ihre Projekte realisieren.

Dass dieser oft nur mit minderwertigen Tools ausgestattet ist, beweisen nicht zuletzt die frustrierten Berichte von Arbeitskräften auf diversen Arbeitgeber-Bewertungsportalen.

EINFÜHRUNG

In diesem kompakten, praxisorientierten Buch möchte ich mein Wissen mit Ihnen teilen. Ich werde meine stärksten und effektivsten Werkzeuge an Sie weitergeben. All diese Methoden sind in der Praxis erprobt und einfach umzusetzen. Damit wird sich Ihr Projektmanagement exponentiell verbessern.

Dieses Buch soll aber ebenso zu einem innovativen Projektmanagement anregen. Ich möchte Ihnen beweisen, dass Projektmanagement keineswegs verstaubt, altbacken und theoriebelastet ist, sondern für Erneuerung und Wandel steht, woran Sie Freude haben und neue Impulse erhalten.

Wie ist dieser Ratgeber aufgebaut? Bei allen Projekten kann man ähnliche Abschnitte erkennen, die nacheinander durchlaufen werden. Hier ist ein kurzer Überblick über die vier Projektphasen:

Am Anfang eines jeden Projektes steht die sogenannte Definitionsphase. Während dieses ersten Stadiums geht meist eine Kunden- oder eine unternehmensinterne Anfrage ein – ein Produkt oder eine Dienstleistung wird benötigt. Diese zu erbringen, wird das Ziel des Projektes sein.

Danach wird das Projekt grob geplant, um den Abnehmer, sei es ein Dritter oder eine Abteilung des eigenen Unternehmens, über die voraussichtliche Dauer und die Kosten zu informieren. Am Ende wird dem Kunden eine Offerte, d. h. ein Angebot, unterbreitet.

In der Planungsphase geht es nun um die genaue Vorbereitung Ihres Projektes. Hier werden Struktur und Ablauf exakt festgelegt sowie das Projektumfeld und mögliche Risiken, die die Umsetzung gefährden könnten, analysiert. Außerdem wird ermittelt, in welchem Umfeld das Projekt stattfindet und welche Interessengruppen innerhalb und außerhalb des Unternehmens positiven und negativen Einfluss auf die Erarbeitung nehmen können. Des Weiteren findet in der Planungsphase auch die Zusammenstellung Ihres Teams statt.

Im Anschluss folgt die Realisierungsphase. In dieser Phase wird entworfen, erarbeitet, konstruiert, hergestellt – kurz: Ihr Projekt steht hier ganz im Zeichen der konkreten Umsetzung. Daneben findet auch ein umfassendes Projektcontrolling statt.

Regelmäßig wird dabei der Fortschritt überprüft, um etwaige Verzögerungen frühzeitig erkennen und Gegenmaßnahmen einleiten zu können.

Die vierte Phase ist die Abschlussphase. Hier wird die fertige Leistung an den Kunden übergeben. Außerdem werden Evaluationsprozesse angestoßen, um die Erfahrung für den Kunden und die Projektmitarbeiter zu dokumentieren. Mithilfe solcher Erfahrungsberichte wird es erheblich leichter, für künftige Projektarbeiten Verbesserungen und Optimierungen zu implementieren.

Um eine möglichst angenehme Projektarbeit zu gewährleisten, orientiert sich das Buch an diesen vier genannten Etappen. Mit diesem Ratgeber erhalten Sie alles, was Sie für eine erfolgreiche Definitions-, Planungs-, Realisierungs- und Abschlussphase wissen müssen.

Dieses Buch besteht aus vier Abschnitten, welche wiederum in einzelne Kapitel unterteilt sind. Die verschiedenen Projekt-Etappen werden dadurch optimal abgedeckt. Damit werden Sie Ihre Projekte in Zukunft wirkungsvoller, für alle Beteiligten entlastender, effizienter und erfolgreicher realisieren.

Mit dem Erwerb dieses Buches haben Sie bereits den ersten Schritt zu einem besseren Projektmanagement getätigt. Nur das Lesen allein hilft aber nicht. Um tatsächlich etwas aus diesem Ratgeber mitzunehmen, sollten Sie sich Notizen machen und die Methodik am besten so schnell wie möglich einsetzen.

Nun wünsche ich Ihnen viel Freude und neue Erkenntnisse beim Lesen und vor allem viel Erfolg bei Ihrem nächsten Projekt!

Herzlichst,

Matthias Brandt

Vor dem Projekt – das Fundament

Machen oder Kaufen? Die Make-or-Buy-Analyse

„Niemand plant zu versagen, aber die meisten versagen beim Planen." – Lee Iacocca, Manager und Präsident der Ford Motor Company.

Die Ford-Legende Lee Iacocca brachte es auf den Punkt: Die meisten Projekte scheitern an mangelhafter Planung. Aus einer Studie der Technischen Universität Berlin geht hervor, dass sogar jedes fünfte Unternehmen Projekte wieder abbricht, weil sie sich im Nachhinein als gar nicht notwendig erweisen.

Daher ist es wichtig, vor Ihrem nächsten Vorhaben genau zu untersuchen, ob das Projekt für Ihr Unternehmen lohnenswert ist.

Sehr wertvoll ist diesbezüglich die sogenannte Make-or-Buy-Analyse. Sie stehen unmittelbar am Anfang der Definitionsphase. Mithilfe dieser Methode können Sie nun genau bestimmen, ob der Anstoß eines Projektes für Ihren Betrieb überhaupt rentabel ist – oder ob es besser wäre, wenn Sie das Ergebnis, welches Sie sich von Ihrem Projekt erhoffen, auslagern und von Dritten beziehen.

Die Make-or-Buy-Analyse ist auf Projekte ausgelegt, die unternehmensintern verlaufen. Führt Ihr Unternehmen hingegen überwiegend Projekte durch, die von externen Abnehmern in Auftrag gegeben werden, erübrigt sich dieser Schritt meistens, weil das Projekt ohnehin in die Wege geleitet wird.

Schließlich wird sich der potenzielle Kunde nur an Ihr Unternehmen wenden, wenn er weiß, dass Sie auch in dem entsprechenden Bereich arbeiten. Zu Beginn der Definitionsphase eines jeden Projektes, welches innerhalb eines Unternehmens umgesetzt werden soll, sollte aber die Make-or-Buy-Analyse stehen.

Stellen Sie sich zuerst folgende Frage:

I. Entspricht das Projekt den Kernkompetenzen des Unternehmens?

II. Reicht das intern vorgehaltene Know-how überhaupt aus, um das Projekt allein zu meistern?

Lassen Sie mich das anhand eines Beispiels erläutern:

Nehmen wir an, ein Wirtschaftsprüfungsunternehmen engagiert für ein Projekt externe Wirtschaftsprüfer und kauft deren Expertise. Das ergäbe keinen Sinn, denn schließlich ist das Unternehmen sowieso auf den Bereich Wirtschaftsprüfung spezialisiert.

Sollen jedoch die PCs dieses Unternehmens mit neuen Betriebssystemen ausgestattet werden, so wäre es in diesem Fall sinnvoll, einen externen Dienstleister zu beauftragen, denn schließlich liegt die Kernkompetenz des Unternehmens nicht in der Informationstechnik. Das interne Know-how ist hier mit großer Wahrscheinlichkeit geringer.

Können Sie die Frage nach den Kernkompetenzen mit **„Ja"** beantworten, liegt das entsprechende Projekt auf dem Gebiet Ihres Unternehmens. Nun muss noch geklärt werden, ob die nötigen Ressourcen für eine Eigenvornahme verfügbar sind und genügend Mitarbeiter mobilisiert werden können.
Können Sie die Frage nach der Ressourcen-Verfügbarkeit ebenfalls mit **„Ja"** beantworten, sollte noch überprüft werden, ob die Selbstvornahme auch wettbewerbsfähig ist. Bei mangelnder Wettbewerbsfähigkeit muss evaluiert werden, inwieweit sich Investitionen lohnen und ob für das potenzielle Projekt ein ausreichender zeitlicher Rahmen besteht.

Lautet die Antwort auf die Frage nach den Kernkompetenzen aber **„Nein"**, entspricht das potenzielle Projekt nicht der Domäne Ihres Unternehmens, was allerdings nicht automatisch bedeutet, dass eine Selbstvornahme ausgeschlossen ist.

Ist die Dienstleistung oder das Produkt, welches angestrebt wird, so speziell, dass dafür kein großer Markt besteht und die wenigen potenziellen Partner für eine Auslagerung nicht in Frage kommen, sollte eine Selbstvornahme trotzdem in Betracht gezogen werden.

Um schnell bestimmen zu können, ob ein Projekt tatsächlich stattfinden oder lieber extern umgesetzt werden soll, ist die Make-or-Buy-Analyse hervorragend geeignet. Weitere Strategien, Ihre Projekte nach Relevanz zu gliedern, stelle ich im Kapitel „Projektpriorisierung“ vor.

Haben Sie sich für eine Selbstvornahme entschieden, geht es darum, das Ziel des Projektes klar zu formulieren, um die Stringenz und Genauigkeit bei der Erarbeitung zu gewährleisten. Wie Sie das bewerkstelligen, erfahren Sie im nächsten Kapitel.

Klare Ziele mit der SMART-Methode

Sie haben sich dazu entschieden, ein neues Projekt anzustoßen. Über den Erfolg Ihres Vorhabens entscheidet ganz maßgeblich, ob das Ziel klar und genau formuliert ist. Die Erfahrung zeigt, dass die Beteiligten nicht selten aneinander vorbei arbeiten oder das Projekt nicht weiterverfolgt wird, wenn das eigentliche Ziel undeutlich oder unrealistisch formuliert ist.

Um gemeinsam auf ein konkretes Ziel hinzuarbeiten und nach dem Projekt feststellen zu können, ob das Projekt erfolgreich war, wurde die SMART-Methode entwickelt. Nicht ohne Grund gehört diese Strategie zu den bekanntesten Tools im Projektmanagement. SMART ist ein Akronym, jeder Buchstabe steht für ein Wort und benennt die Eigenschaften einer guten Zieldefinition:

S steht für „**spezifisch**", **M** für „**messbar**", **A** für „**attraktiv**", **R** für „**realistisch**" und **T** für „**terminiert**". Achten Sie bei der Planung Ihres Projekts darauf, dass Ihr Vorhaben diese fünf Prämissen erfüllt.

Ihr Ziel wird spezifisch, wenn Sie es so klar wie möglich formulieren. **Sagen Sie nicht**:

„Wir möchten unsere Unternehmenskommunikation überarbeiten, damit wir für unsere Kunden attraktiver werden."

Das ist unklar, weil Sie damit nicht genau formulieren, was Sie mit Ihrem Projekt erreichen wollen. **Sagen Sie stattdessen**:

„Wir möchten den Bereich Unternehmenskommunikation um einen Facebook- und einen Twitter-Account erweitern, um unsere Kunden online besser erreichen zu können."

So wissen Sie immer genau: Das Projekt ist erst abgeschlossen, wenn diese beiden Ziele (Facebook, Twitter) erreicht werden. Das obige Beispiel verdeutlicht aber auch noch Folgendes: Mit langen Texten, in denen Sie Ihr Ziel formulieren, kommen Sie in der Regel nicht weiter.

Versuchen Sie stets, Ihr Ziel in einem einzigen oder in maximal zwei Sätzen auszuformulieren. Damit gewährleisten Sie, dass niemand das eigentliche Ziel aus den Augen verliert.

Des Weiteren sollte Ihr Ziel messbar sein. Dazu nehmen Sie sich passende Kennzahlen zu Hilfe, mit denen Sie den Erfolg Ihres Vorhabens messen können. In unserem Beispiel könnte man eine bestimmte Anzahl an Followern als anzustrebendes Ziel setzen – demzufolge wäre folgende Formulierung möglich:

„Wir möchten den Bereich Unternehmenskommunikation um einen Facebook- und einen Twitter-Account erweitern, um unsere Kunden online besser erreichen zu können. Auf beiden Plattformen wollen wir mit je 1.000 Followern in Verbindung treten."

Gestalten Sie Ihr Ziel außerdem attraktiv – das entspricht dem „A" in SMART. Dieser Punkt hängt stark mit der Realisierbarkeit des Ziels zusammen, wofür das „R" in SMART steht. Ziele müssen für alle Beteiligten ansprechend sein.

Nehmen Sie sich zu viel in zu kurzer Zeit vor, kann das schnell zu Frustration führen – eine Gefahr für Ihr Projekt. Wenn ein Pro jekt wirklichkeitsfern und dadurch nicht realisierbar ist, wird es für diejenigen, die am Projekt mitarbeiten, ebenso wenig attraktiv sein, sich diesem zu widmen.

Projektarbeit soll Spaß machen und Ihr Team motivieren. Wenn es mit Herzblut arbeitet, dann ist die Projektarbeit am effektivsten.

Unser Ziel im zuvor genannten Beispiel könnten wir attraktiver gestalten, indem wir die 1.000 angestrebten Follower vorerst auf 500 reduzieren.

Zuletzt sollten Sie immer darauf achten, das Projekt zu terminieren – dafür steht das „T“ in SMART. Es ist unglaublich wichtig, einen konkreten Zeitpunkt festzulegen, zu dem das Projekt abgeschlossen sein soll. Tun Sie das nicht, ist die Wahrscheinlichkeit hoch, dass Ihr Projekt ins Leere verläuft oder sich unnötig in die Länge zieht.

Setzen Sie sich daher immer einen Zeitpunkt, an dem das Projekt beendet ist. Das könnte dann folgendermaßen aussehen:

„Wir möchten den Bereich Unternehmenskommunikation um einen Facebook- und einen Twitter-Account erweitern, um unsere Kunden online besser erreichen zu können. Auf beiden Plattformen wollen wir bis zum Ende des Jahres mit je 500 Followern in Verbindung treten.“

Vergleichen wir noch einmal diese Formulierung mit unserem ersten Ziel-Entwurf („Wir möchten unsere Unternehmenskommunikation überarbeiten, damit wir für unsere Kunden attraktiver werden."). Fällt es Ihnen auf?

Die Formulierung, welche wir mithilfe der SMART-Methode erarbeitet haben, ist ansprechend, realistisch, terminlich festgelegt und präzise ausformuliert.

Dadurch, dass wir die SMART-Methode befolgt haben, ist Ihre Zielsetzung nun viel akkurater sowie verbindlicher formuliert.

Damit wird es Ihnen um ein Vielfaches leichter fallen, den Zwischenstand Ihres Projektes zu kontrollieren und am Ende feststellen zu können, ob das Ziel auch wirklich erreicht wurde.

Selbstverständlich ist das nur ein Beispiel. Ihr Projekt mag einen anderen Bereich betreffen – das Vorgehen bleibt dennoch immer gleich.

Die SMART-Methode ist der Head-Start bei Ihrem nächsten Projekt. Versuchen Sie nun selbst einmal, ein Ziel entsprechend der SMART-Vorgaben zu formulieren!

Haben Sie dies testweise ausprobiert, sind Sie bereit dafür, die SMART-Methode in allen Ihren künftigen Projekten zum Einsatz kommen zu lassen.

Für jedes Projekt gibt es zudem einen festgelegten finanziellen und personellen Leistungsrahmen. Dies müssen Sie bei der Formulierung Ihres Projektziels unbedingt beachten. Mehr darüber erfahren Sie im anschließenden Kapitel.

VOR DEM PROJEKT

Das magische Dreieck

Stellen Sie sich folgende Situation vor: Sie kommen während einer Einkaufstour an einem Kleidungsgeschäft vorbei und entdecken im Schaufenster ein T-Shirt, das Ihnen gefällt. Es hat kurze Ärmel und einen V-Ausschnitt, ist sportlich geschnitten und besitzt eine schöne Farbe. Sie entschließen sich dazu, den Laden zu betreten und eines der Shirts zu kaufen.

Sie begeben sich zum Verkäufer und äußern Ihren Wunsch, eines der T-Shirts zu erwerben. Dieser begibt sich kurzerhand in einen Lagerraum hinter der Theke und kommt etwas später wieder zurück. In der Hand hat er ein T-Shirt – aber überhaupt nicht das, was Ihnen beim Vorbeigehen am Geschäft so gut gefiel. Das Shirt ist in einer Farbe, die Ihnen gar nicht zusagt. Es hat einen Rundhalsausschnitt und ist weit geschnitten.

Sie sehen den Verkäufer überrascht an, der Ihnen erklärt, dass es sich bei diesem T-Shirt um eines mit einem neuartigen Stoff handelt, der viel atmungsaktiver und pflegeleichter ist als der Stoff des T-Shirts, das Sie im Schaufenster gesehen hatten. Auch, wenn Ihnen das T-Shirt aus dem Schaufenster viel besser gefallen hat, besitzt das vom Verkäufer vorgeschlagene Shirt Qualitäten, die Ihr Wunsch-Shirt nicht hat. Trotzdem entscheiden Sie sich am Ende für das Shirt aus dem Schaufenster, weil Sie es einfach schöner finden.

Dieses Beispiel zeigt, dass der Begriff „Qualität“ nicht festgelegt ist. Was ein qualitatives Produkt darstellt, ist höchst subjektiv und wird von jedem anders beurteilt. Jedem Menschen sind ganz bestimmte Aspekte mehr oder weniger wichtig.

Genauso verhält es sich bei der Projektarbeit:

„Der Kunde ist König“ – dieser Grundsatz hat höchste Priorität - egal, ob Sie das Projekt für einen Dritten herstellen, oder Ihr Betrieb selbst der „Kunde“ ist. Die Zufriedenheit des Abnehmers ist der entscheidende Faktor, wenn es um die Bestimmung von Qualität geht. Ihr Produkt besitzt eine hohe Qualität, wenn der Kunde am Ende damit zufrieden ist.

Generell gibt es drei Parameter, die für Ihren Abnehmer von großer Bedeutung sind:

I. **Geld**

II. **Zeit**

III. **Leistung**

Für Ihren Kunden ist also entscheidend, wie hoch die Kosten sind, wie lange es bis zur Abnahme dauert und welche Leistung erbracht wurde.

All diese Dinge werden mit dem Kunden besprochen. Sie müssen dabei einerseits auf die individuellen Wünsche der Kundschaft Rücksicht nehmen und andererseits im Auge behalten, ob die Wünsche des Kunden realistisch und umsetzbar sind.

Diese "Dreifaltigkeit" aus Kosten, Zeit und Leistung nennt man im Projektmanagement "Magisches Dreieck". Dreieck deshalb, weil eine Änderung an einem Faktor auch alle anderen Parameter verändert. Alle Faktoren sind voneinander abhängig..

Je mehr Leistung erbracht werden soll, umso höher steigen auch die Kosten für das Projekt. Die Kosten können allerdings auch ansteigen, ohne, dass eine höhere Leistung erbracht wird. Das geschieht zum Beispiel, wenn das Projekt in einer kürzeren Zeit vollendet werden soll, weil Sie dann mehr Menschen einstellen müssen. Die Kosten eines Projektes können allerdings auch steigen, wenn sich das Projekt in die Länge zieht, weil bei gleichbleibender Leistung, die Angestellten länger bezahlt werden müssen.

Sie sehen: Alles ist miteinander verbunden. Am Ende gilt es, die Balance zwischen Leistung, Kosten und Zeit zu finden, die den Kunden zufriedenstellt. Behalten Sie die Existenz des Magischen Dreiecks immer im Kopf, wenn Sie an neue Projekte herangehen.

Mit Ende dieses Kapitels haben wir die Grobplanungsphase eines Projektes abgeschlossen. Nun geht es darum, den Ablauf und die Struktur unseres Projektes endgültig in Stein zu meißeln. Dem widmen wir uns im folgenden Kapitel.

Die Projekt-Kernstücke: Projektstrukturplan (PSP) und Projektablaufplan (PAP)

Der Projektablauf- und der Projektstrukturplan sind die Herzstücke Ihres Projektes.

Bei jedem Projekt ist es wichtig, nicht den Überblick zu verlieren. Um das komplette Projekt grafisch darzustellen, die verschiedenen Aufgaben innerhalb des Projektes klar festzuhalten und um schnell zu erkennen, wo es vielleicht einen Fehler in der Planung gab, ist der Projektstrukturplan unentbehrlich. In ihm wird das gesamte Projekt in verschiedene Teilaufgaben unterteilt – das kann bei der Planung und der Einplanung Ihrer Kapazitäten ein wesentlicher Vorteil sein. Erinnern Sie sich noch an Baumdiagramme aus der Schule? So können Sie sich auch den Projektstrukturplan vorstellen.

Nehmen wir an, Ihr Unternehmen soll eine neue Firmenzentrale beziehen und Sie möchten dieses Projekt optimal planen. Nehmen Sie sich zunächst einen Stift und ein Blatt Papier zur Hand und probieren Sie die PSP-Methode direkt aus:

Schreiben Sie „Umzug der Firmenzentrale“ ganz oben mittig auf das Papier und zeichnen Sie einen Kasten darum. Dies ist der Titel Ihres Projekts.

Jetzt ist Ihr Kopf gefragt! Was wird für einen solchen Umzug benötigt? Sie denken bestimmt an eine Firma, die den Umzug durchführt; Gerätschaften und Mobiliar von der alten in die neue Zentrale befördert.

Es braucht außerdem eine Person, die den Service bucht und die Bezahlung der Umzugsfirma regelt. Des Weiteren müssen Kunden und Mitarbeiter informiert werden.

Dies ist wie immer nur ein Beispiel – aber das erfundene Projekt „Umzug der Firmenzentrale“ soll veranschaulichen, wie der PSP entsteht: Die für das Projekt nötigen Arbeitsschritte gliedern wir nun in Teilaufgaben:

Für unser Beispiel-Projekt eignen sich die Teilaufgaben „Kommunikation“, „Planung“ und „Durchführung“. Schreiben Sie diese in eine Zeile unter „Umzug der Firmenzentrale“ und zeichnen Sie um jede der Teilaufgaben ebenso einen Kasten.

Diese Teilaufgaben können wir nun auf dem Papier noch weiter gliedern – in sogenannte Arbeitspakete. Arbeitspakete der Teilaufgabe „Kommunikation“ könnten zum Beispiel „Kunden-Benachrichtigung“ und „Mitarbeiter-Benachrichtigung“ sein. Arbeitspakete der „Planung“ wären beispielsweise „Buchung der Umzugsfirma“ und „Buchung der Endreinigung“. Die Teilaufgabe „Durchführung“ können Sie in die Arbeitspakete „Reinigung“ und „Umzug“ gliedern.

Die jeweiligen Arbeitspakete schreiben Sie nun in einer Zeile unter die jeweiligen Teilaufgaben.

Anschließend können Sie noch farblich markieren, welches der Arbeitspakete Fremd- und welches Eigenleistung ist. So ist es durchaus sinnvoll, den eigentlichen Umzug von einer externen Firma durchführen zu lassen, während die Unterrichtung von Kunden und Mitarbeitern vom Unternehmen selbst durchgeführt werden kann. Heben Sie zum Beispiel alle Kästen mit Arbeitspaketen, die ausgelagert werden, rot hervor – alle Eigenleistungen markieren Sie blau.

Die einzelnen Pakete können theoretisch noch weiter unterteilt werden. Das Arbeitspaket „Umzug" könnte man eventuell noch in „Verpacken des Mobiliars" und „Transport" unterteilen. Achten Sie darauf, nicht zu übertreiben, vier Ebenen sind das absolute Maximum, sonst besteht die Gefahr, dass der PSP zu unübersichtlich wird.

Mit dem PSP können Sie auf diese Weise optimal aufschlüsseln, aus welchen Arbeitsschritten Ihr Projekt besteht. Das ist Gold wert, wenn es darum geht, die Projektstruktur auf einen Blick nachvollziehen zu können. Arbeiten Sie zukünftig unbedingt mit dem **Projektstrukturplan**. Das wird Ihr ganzes Team optimistisch stimmen, schließlich ist alles genau geplant.

Nun ist es an der Zeit, sich dem sogenannten Projekt-Ablauf-Plan (PAP) zu widmen. Anders als bei der Baumdiagramm-Form des PSP wird der PAP in der Regel in Listenform erstellt. Es geht um die chronologische Ordnung Ihres Projektes.

Ein solcher PAP gehört unbedingt dazu, weil er die zeitliche Abfolge der Arbeitspakete darstellt. Sie können auf einen Blick sehen, was der nächste Schritt ist und ob Sie gut in der Zeit liegen oder mit Ihrem Projekt im Verzug sind.

Fertigen Sie für Ihre kommenden Projekte in jedem Fall einen Projekt-Ablauf-Plan an!

Besprechen Sie als Nächstes, welche Arbeitsschritte in Ihrem Projekt benötigt werden. Gliedern Sie diese Schritte in die eben vorgestellten Arbeitspakete, für die jeweils ein Mitarbeiter die Verantwortung trägt.

I. **Erstellen Sie, schriftlich oder am Rechner, eine Tabelle mit fünf Spalten.**

II. **In der ersten Spalte ist Platz für die Nummerierung der Arbeitspakete.**

III. **In der zweiten vermerken Sie den Namen des Arbeitspaketes.**

IV. **In Spalte drei, vier und fünf notieren Sie Dauer, Anfang und Ende.**

V. **Pro Arbeitspaket gibt es eine Zeile.**

VI. **Die Dauer können Sie in Tagen oder für längere Projekte in Wochen angeben.**

VII. **Bei Anfang und Ende des Projektes sollten Sie die jeweilige Kalenderwoche oder ein konkretes Datum eintragen.**

Wenn Sie die zeitliche Ordnung Ihres Projektes grafisch noch besser darstellen möchten, empfehle ich Ihnen ein Gantt-Diagramm, das die zeitliche Abfolge in Form von Balken auf einer Zeitachse darstellt. Neben den fünf Spalten in Ihrer Tabelle fügen Sie noch eine weitere Spalte hinzu. In jeder Zeile markieren Sie nun die Spalten mit der Kalenderwoche, welche das jeweilige Arbeitspaket abdeckt. Sie erhalten somit eine Zeitachse, auf der Sie die Abfolge der verschiedenen Schritte genau erkennen können.

Aber wie viel Zeit sollten Sie überhaupt für das Projekt und für die einzelnen Arbeitspakete einplanen?

Am besten sprechen Sie dafür mit den Teammitgliedern. Für die eingesetzten bevorstehenden Arbeitspakete werden diese am ehesten einschätzen können, wieviel Zeit notwendig ist.

Aufgrund der kumulierten Erfahrungen können so oft bessere und realistische Einschätzungen getroffen werden. Fragen Sie alle Mitarbeiter, denen Sie ein Arbeitspaket zugeteilt haben, wieviel Zeit sie jeweils benötigen.

Manchmal stimmt die von den Mitarbeitern gewünschte Zeit für ein Arbeitspaket nicht mit der real verfügbaren beziehungsweise veranschlagten Zeit überein – dann gilt es, Kompromisse zu finden und zu schauen, wo man Arbeitszeit einsparen kann oder ob das Projekt gegebenenfalls verlängert werden muss.

Wichtig ist außerdem, Zeitpuffer einzuplanen.

Das gewährt Ihnen mehr Flexibilität innerhalb des Projektes und stellt sicher, dass die gesamte Planung bei einer Verzögerung nicht gleich aus den Fugen gerät. Mehr dazu erfahren Sie im Kapitel „Wartezeiten“.

Die Erfahrung zeigt auch, dass eine Gliederung der Arbeitspakete in Phasen sinnvoll ist. Dies vereinfacht den Projektablaufplan und reduziert dessen Komplexität.

Bei einem klassischen Projekt eignen sich in der Regel die Phasen „**Konzeption**“, „**Vorbereitung**“, „**Umsetzung**“ und „**Abschluss**“.

Nehmen wir zum Beispiel an, Ihre Firma plant einen „Tag der offenen Tür“. Arbeitspakete, die mit der Planung dieses Tages zu tun haben, würden in die Konzeptionsphase fallen. Alle Arbeitspakete, die sich mit der Vorbereitung beschäftigen (z. B. der Einkauf von Snacks und Getränken) gehören demzufolge zur Vorbereitungsphase.

In die Umsetzungsphase würden der Aufbau und die Betreuung der Gäste fallen. Die Nachbereitung, ein Rückblick auf das Projekt und eine Bewertung der gemachten Erfahrungen wären Bestandteil der Abschlussphase.

Sie können Ihr Projekt selbstverständlich auch in andere Phasen einteilen – in der Praxis hat sich jedoch gezeigt, dass man mit den zuvor genannten vier Phasen sehr gute Erfahrungen gesammelt hat.

Die Gliederung in Phasen bietet auch den großen Vorteil, dass ein weiterer Überprüfungsmechanismus zum Projekt hinzugefügt wird. Wurde eine Phase rechtzeitig abgeschlossen? Wann ist mit der nächsten Überprüfung der dem Projekt übergeordneten Abteilung zu rechnen?

Viele Projektmanager planen auch erst in Phasen und widmen sich anschließend der Feinplanung. Dadurch verschafft man sich einen groben Überblick und kann dann die einzelnen Arbeitspakete definieren.

Warum Sie mit Meilensteinen arbeiten sollten

Sicher kennen Sie das unglaublich erleichternde Gefühl, etwas geschafft zu haben, einen Sieg verzeichnen zu können, bei etwas gewonnen zu haben, zu wissen, dass sich die Anstrengung und die lange und harte Arbeit rentierten. Diese Momente gibt es auch im Projektmanagement – gebührend gefeiert werden Sie aber nur selten.

Der Projektablaufplan steht. Um diesem noch den letzten Schliff zu verpassen, eignet sich die sogenannte Meilenstein-Methode perfekt. Meilensteine sind entscheidende Punkte im Projektmanagement.

Vergleichen wir unser Projekt mit einem Fahrradrennen wie beispielsweise der Tour de France, dann ist ein solcher Meilenstein ein Etappensieg. Bei einem Hausbau wäre es die Fertigstellung des Rohbaus und des Dachstuhls, also das Richtfest. Kurz gesagt: Ein Meilenstein ist ein wichtiges Zwischenziel im Projektverlauf.

Meilensteine innerhalb des Projektablaufplans zu definieren kann für Ihr Projekt von unschätzbarer Bedeutung sein. Wenn Sie nämlich Zwischenziele festlegen, hat das eine stabilisierende Wirkung auf das Projekt.

Falls in Ihrem Team während eines langwierigen Projektes einmal die Motivation nachzulassen droht oder Ihre Mitarbeiter das Endziel aus den Augen verlieren, dann kann ein klar definiertes Zwischenziel Ihre Mannschaft wieder anspornen und ermutigen.

Außerdem: **Was ist wirksamer als der Erfolg?** Wenn Ihr Team regelmäßig kleinere Fortschritte in Form von Meilensteinen verzeichnen kann, wirkt sich das sehr motivierend auf Ihre Mitarbeiter aus – und das kann zu einer gesteigerten Produktivität führen.

Erreichte Meilensteine eignen sich auch dafür, die Mitarbeiter besonders zu loben und Ihre Arbeit wertzuschätzen. Kleine Gesten, wie zum Beispiel ein Kuchen während eines Meetings, führen dazu, dass sich die Mitarbeiter besonders gern an diese Momente erinnern. Sie arbeiten dann voraussichtlich umso fleißiger auf den nächsten Meilenstein hin.

Aber die Wirkung von Meilensteinen geht noch darüber hinaus – so können Zwischenziele einen großen Nutzen bei der Projektsteuerung haben. Meilensteine sind pures Gold für die Kontrolle des Projektfortschritts. Wenn Sie ermitteln wollen, ob Sie in der geplanten Zeit liegen, fällt dies leichter, wenn es kleinere Eckpunkte – also Checkpoints – gibt, an denen man sich orientieren kann. Bei einem Projekt, dessen Abschluss noch in weiter Ferne ist, kann man so den Überblick behalten. Die Teammitglieder des Projektes können den Meilensteinen bestimmte Soll-Werte zuordnen, d. h. einen Idealzustand, in dem sich das Projekt am Tag der Überprüfung befinden soll.

VORTEILE VON MEILENSTEINEN

Aber wie setzt man solche Meilensteine überhaupt, damit sie den Projektstrukturplan sinnvoll ergänzen? Zunächst einmal ist es wichtig zu verstehen, dass Meilensteine keine Vorgänge sind, sondern Punkte (sonst würden wir von Meilenphasen sprechen und nicht von Meilensteinen).

Ein solcher Meilenstein kann zum Beispiel die Fertigstellung oder der Beginn eines bestimmten Arbeitspaketes sein – nicht aber die gesamte Phase der Erarbeitung eines Arbeitspaketes. Das stellt sicher, dass Ihre Zwischenziele greifbar bleiben und verleiht Ihrem Projektablaufplan noch mehr Struktur.

Ein eher schlecht gewählter Meilenstein wäre beispielsweise die Bezeichnung „Neue Internet-Präsenz designen". Hier ist nicht genau festzustellen, wann der Meilenstein eigentlich erreicht wurde - Am Anfang der Erarbeitung der neuen Web-Präsenz? Währenddessen? Oder, wenn die neue Internetseite fertiggestellt wurde? Eine solch unklare Angabe verfehlt den Zweck, den Meilensteine eigentlich erfüllen sollen.

Ein sehr gut gewählter Meilenstein wäre hingegen die Bezeichnung „Fertigstellung des Designs der neuen Internet-Präsenz". Sie ist etwas länger, dafür weiß jeder, wann exakt der Meilenstein erreicht ist.

Sie können Meilensteine auch am Ende einer Phase setzen – viele Projektmanager handhaben es einfach und verbinden den Phasenabschluss mit Meilensteinen. Aber es ist genauso gut möglich, die Meilensteine innerhalb von Phasen zu setzen, um noch weiter zu differenzieren.

Auch für den Kunden beziehungsweise Abnehmer eines Projektes spielen Meilensteine eine wichtige Rolle, denn wenn Sie Zwischenziele kommunizieren, wiegt sich der Auftraggeber in Sicherheit. Sie bietenTransparenz und zeigen, dass Sie alles im Griff haben. Der Abnehmer erhält vor dem Start der Realisierungsphase in der Regel einen vollständigen Meilensteinplan. Am Stichtag, an dem ein neuer Meilenstein erledigt sein soll, wird der Auftraggeber in Form eines Berichtes über die Fertigstellung informiert. Bei der Meilensteinplanung ist es außerdem wichtig, den Auftraggeber mit einzubinden. Nur so können etwaige Terminwünsche angemessen berücksichtigt werden.

Wie viele Meilensteine Sie in Ihr Projekt einbinden sollten, lässt sich pauschal nicht beantworten und hängt stark von der Größe Ihres Projektes ab. Wenn aber ein wichtiger Abschnitt beendet wird, in einem Marketingprojekt zum Beispiel die Fertigstellung des neuen Slogans, in einem Softwareprojekt die Vollendung der Entwicklung der neuen Benutzeroberfläche, dann sollten Sie dort auf jeden Fall einen Meilenstein setzen.

Zu viele Meilensteine hingegen bedrohen die Übersichtlichkeit des Projektplans und steigern den Verwaltungsaufwand (etwa durch Zwischenberichte und die anfallende Prüfung von Steuerungsmaßnahmen). Außerdem geht so ihre besondere Signalwirkung verloren. Meilensteine sollten also immer etwas Besonderes sein und auf keinen Fall auf jedes einzelne Arbeitspaket folgen.

VORTEILE VON MEILENSTEINEN

Wenn Sie Meilensteine definiert haben, können Sie diese in den Projektablaufplan eintragen. Das universelle Symbol für einen Meilenstein im Projektmanagement ist die rote Raute. Sie zeichnen sie in die fünfte Spalte, also in die Spalte, in der der Endtermin für ein Arbeitspaket notiert wurde.

Bestimmen Sie den Beginn eines Arbeitspaketes als Meilenstein, zeichnen Sie die rote Raute in die vierte Spalte der entsprechenden Zeile im Projektablaufplan d. h. zum Startdatum des Arbeitspaketes. Die Rauten können Sie zusätzlich noch an das Ende des entsprechenden Zeitstrahles in das Gantt-Diagramm einzeichnen. Auf diese Weise sind die Meilensteine im Projektablauf auch noch perfekt visualisiert.

Meilensteine sind aber nicht die einzigen Dinge, die Sie bei der Erstellung Ihres Projektablaufplans berücksichtigen sollten. Warum Wartezeiten ebenfalls Bestandteil des PAPs sein sollten, erfahren Sie im folgenden Kapitel.

Wie Sie Wartezeiten richtig planen

Wer wartet schon gern?

Mit großer Wahrscheinlichkeit niemand. Besonders, weil ungeplante Wartzeiten oft eine folgenschwere Kettenreaktion auslösen können. Haben Sie schon einmal auf einen stark verspäteten Zug gewartet? Vermutlich ja. Dann wissen Sie auch, wie das läuft: Erst hat der Zug Verspätung, man verpasst den Anschlusszug und kommt somit zu spät am Ziel an.

So ähnlich ist das im Projektmanagement. In vielen Projekten wird bei der Planung ein erheblicher Fehler gemacht – unausweichliche Zwangspausen werden vernachlässigt. Ihr Projektablaufplan und die damit verbundene Zeitplanung ist nämlich wertlos, wenn die im Projekt anfallenden Wartezeiten nicht berücksichtigt werden. Diese treten häufiger auf, als man denkt. Aus diesem Grund sollten Sie sich dieses Kapitel ganz besonders zu Herzen nehmen.

Ein Beispiel: Ein Straßenbau-Unternehmen soll einen Straßenabschnitt erneuern und einen Zebrastreifen markieren. Die logische Abfolge der Arbeitspakete wäre dabei – erstens – das Abtragen der alten Asphaltschicht.

Dann würde man – zweitens – die neue Asphaltschicht auftragen. Nun kann aber nicht sofort der Zebrastreifen markiert werden. Bevor das geschehen kann, muss der neue Asphalt erst trocknen.

Damit ergibt sich eine Wartezeit, die auf den ersten Blick nicht so schnell umgangen werden kann.

Man könnte die Arbeitspakete zwar auch anders anordnen – etwa auf dem alten Straßenabschnitt zuerst den Zebrastreifen markieren, das wäre aber wenig sinnvoll, denn nun dürfte man ja nur die nicht mit Markierungsfarbe bedeckten Straßenteile abtragen, um den Zebrastreifen zu erhalten. Das ist ganz klarer Unsinn und darüber hinaus auch noch ein erheblicher Qualitätsverlust.

Sie sehen also, dass unsere ursprüngliche Reihenfolge von Arbeitspaketen: "Alte Straße abtragen" – "Neue Straße auftragen" – "Zebrastreifen markieren" in diesem Fall die einzig erfolgsversprechende Vorgehensweise ist. Wäre da nur nicht die Wartezeit, die benötigt wird, um auf dem trocknenden Asphalt einen neuen Zebrastreifen zu markieren.

Sie könnten zwar die Zeit, die benötigt wird, um den neuen Straßenabschnitt trocknen zu lassen, beschleunigen, indem Sie mit zahlreichen Wärmelampen die Temperatur um diesen neuen Straßenabschnitt künstlich erhöhen. Das kostet im Endeffekt jedoch zusätzliche Ressourcen bzw. Geld, welches womöglich im magischen Dreieck nicht eingeplant war.

Dieser zugegebenermaßen etwas kuriose Fall muss nichts mit dem Projekt in Ihrem Unternehmen zu tun haben. Trotzdem zeigt dieses fiktive Modell, was in vielen Projekten kein Einzelfall ist: Die nicht eingeplanten Wartezeiten blähen Projektkosten und -dauer unnötig auf und verhindern die erfolgreiche Fertigstellung des Projektes im magischen Dreieck.

Aus diesem Grund sollten Sie immer – am besten mit dem gesamten Team – überlegen, ob es auch bei Ihnen solche Arbeitspakete gibt, denen sich Wartezeiten anschließen könnten. Dann gilt es, entweder die Zeitplanung anzupassen oder zusätzliche Ressourcen einzuplanen, um diese Wartezeiten zu verkürzen.

Beispiele für Wartezeiten, die auftreten können, gibt es viele. Neben solchen ganz bildhaften Wartezeiten, wie im zuvor genannten Beispiel, kann es auch administrativ bedingte Wartezeiten geben – also das Warten auf die Genehmigung zum Weitermachen oder auf eine Rückmeldung vom Chef. In solchen Pausen, die verwaltungsbedingt entstehen, kann es übrigens noch schwerer sein, die Wartezeit abzukürzen.

Wenn Sie eine Wartezeit in Ihrem Projekt gefunden haben, können Sie auch prüfen, ob in dieser Zeit schon ein anderes Arbeitspaket vorgezogen und bearbeitet werden kann. Das würde Ihnen dann wiederum wertvolle Zeit einsparen und die Wartezeit produktiver machen.

Das Einplanen von Wartezeiten und das Ausnutzen dieser Zeiten für weitere Arbeitspakete kann in Ihrem Projekt von erheblichem Vorteil sein, denn dadurch müssen Sie nie wieder nervige zeitliche Verwerfungen während der Erarbeitung befürchten.

Nachdem wir nun Ihren Projektablaufplan mit der Setzung von Meilensteinen und der Nutzung von Wartezeiten optimiert haben, möchte ich Ihnen ein letztes Tool zeigen, mit dem die anstehende Projektrealisierung für Ihr Team angenehmer, greifbarer und anreizender gestaltet werden kann.

Deswegen sind Abschlusspräsentationen so wichtig

Wenn innerhalb Ihres Projektes ein Arbeitspaket fertiggestellt wird, sollte sich eine kleine Präsentation der Ergebnisse anschließen. Das hat den großen Vorteil, dass die eigene Arbeit reflektiert, den anderen Mitarbeitern sichtbar gemacht und dadurch wertgeschätzt und zelebriert wird.

Ein idealer Zeitpunkt für eine solche Abschlusspräsentation ist ein Meeting. Wenn sich abzeichnet, dass bis zum nächsten Meeting ein bestimmtes Arbeitspaket fertiggestellt wird, können Sie die entsprechende Abschlusspräsentation mit auf die Agenda setzen.

Diese Ergebnisse sollten von der für das Arbeitspaket verantwortlichen Person vorgeführt werden. Die Darstellung muss nicht lang sein – fünf Minuten reichen meist schon aus. Wichtig ist, dass in der Abschlusspräsentation auf folgende Fragen eingegangen wird:

Welche Ergebnisse haben wir erreicht? Was lief während der Erarbeitung besonders gut? Worauf muss noch besonders geachtet werden?

Letztendlich soll eine Bilanz gezogen werden, welche Aspekte während der Erarbeitung positiv waren und welche es beim nächsten Mal zu verbessern gibt. Damit ist die Abschlusspräsentation eine ideale Ergänzung zum Projekt-Feedback ganz am Ende der Projektarbeit.

Des Weiteren wird während der Abschlusspräsentation noch einmal zelebriert, welcher Projektteil mit dem Abschluss des Arbeitspaketes fertiggestellt wurde. Gegebenenfalls kann die Abschlusspräsentation mit einer Visualisierung unterlegt werden, die über einen Projektor oder Ähnliches läuft.

Studien haben gezeigt, dass Abschlusspräsentationen auf das Projektteam äußerst motivierend wirken. Sie sind ein wirksamer Mechanismus, um die Projektergebnisse nicht einfach zu ignorieren, sondern sie noch einmal gebührend anzuerkennen.

Wenn Sie wollen, kann nach jeder Abschlusspräsentation mit spontanem Applaus reagiert werden. Das bringt den Präsentierenden noch mehr Wertschätzung entgegen. Sie werden sehen, wie positiv sich ein Applaus nach der Fertigstellung eines Arbeitspaketes auf Ihre Mitarbeiter auswirkt.

Der Projektablauf steht. Nun geht es darum, das Projekt so darzustellen, dass alle Projektbeteiligten einen umfassenden und vollständigen Überblick erhalten.

Kurz und bündig: Der Projektsteckbrief

Ganz egal, ob Sie eine Kundenanfrage zu einem Projekt erhalten haben, der Chef Sie gebeten hat oder der Impuls aus Ihrem eigenen Bereich kommt – zu Beginn eines Projektes werden erst einmal die Bereiche des Möglichen sowie zeitliche, finanzielle und personelle Kapazitäten grob ausgelotet. Anschließend wird mithilfe des PAP und PSP fein geplant. Diese Projektplanung kann ideal in einem sogenannten Projektsteckbrief festgehalten werden.

Ziel dieser Methode ist es, den Inhalt des Projektes und die zeitliche Gliederung deutlich zu machen sowie die wichtigsten Eckpunkte des bevorstehenden Projektes konkret auf Papier zu bringen.

Dieser Steckbrief wird in der Regel zwischen einem oder mehreren Team-Mitgliedern sowie dem Auftraggeber abgestimmt, egal ob der Auftraggeber ein Dritter oder ein interner Abnehmer ist.

Zunächst ist der Name des Projektes ein Bestandteil des Projektsteckbriefes. Ein Beispiel für eine Überschrift bei einem unternehmensinternen Projekt wäre "Verbesserung des Firmen-Images". Der nächste Bestandteil ist eine kurze Problembeschreibung. Diese könnte folgendermaßen aussehen: "In der Vergangenheit wurde durch die Presse wiederholt negativ über den Betrieb berichtet. Das führte zum Rückgang von Auftraggebern."

Achten Sie darauf, dass die Beschreibung des Problems nicht zu lang ist – man soll alles auf den ersten Blick verstehen können.

Danach wird das genaue Ziel des Projektes festgehalten: "Wir wollen ein glaubwürdiges, positives Markenimage aufbauen." Anschließend muss noch formuliert werden, wie der konkrete Nutzen des Projektes lautet: "Bessere Wahrnehmung des Unternehmens".

Besonders bei unternehmensinternen Projekten ist es wichtig, den Nutzen des Projektes herauszustellen. So erhöhen Sie die Wahrscheinlichkeit, von der zuständigen Abteilung die notwendigen Ressourcen in angemessenem Umfang zur Verfügung gestellt zu bekommen.

Ein weiterer entscheidender Bestandteil des Steckbriefes ist eine Auflistung der Teammitglieder sowie deren Position innerhalb des Projektes. Herr Müller könnte in unserem fiktiven Projekt beispielsweise der Projektleiter sein, Frau Meyer ist für den Entwurf eines neuen Corporate Designs zuständig.

Weiterhin sollte sich auf dem Projektsteckbrief auch noch ein Zeitplan befinden. In diesem fassen Sie kurz die zeitliche Gliederung Ihres Projektes zusammen. Dabei wird nicht jedes einzelne Arbeitspaket notiert, Sie können stattdessen die Arbeitspakete in Phasen zusammenfassen. In unserem Beispiel könnten das sein: "Ermittlung der Fremdwahrnehmung der Firma", "Kommunikation und Unternehmensauftritt anpassen" und "Überprüfung der Firmenwahrnehmung nach Implementierung der Anpassungen". Für jede Phase sollte im Steckbrief ein genauer Zeitraum definiert werden.

Zuletzt wird der Projekt-Sponsor vermerkt, d. h. die Person oder Personengruppe, die Ihr Projekt finanziell, personell oder ideell unterstützt. Das kann zum Beispiel der Vorgesetzte sein, jedoch nicht der Auftraggeber oder ein Mitglied aus dem Team.

Der Sponsor sollte den Projektsteckbrief zum Schluss noch unterzeichnen, damit es später nicht zu Unklarheiten kommt. Abermals ist es ratsam, sich bei der Erstellung an die SMART-Methode zu halten.

Mit dem Projektsteckbrief haben Sie nun ein mächtiges Werkzeug für die Projektplanung, in dem alle relevanten Informationen über das Projekt aufbereitet und für alle Parteien auf den ersten Blick nachvollziehbar sind.

Alle Beteiligten sollten Zugang zu diesem Steckbrief erhalten – besonders aber der Auftraggeber. Eventuell eignet es sich auch, den Projektsteckbrief einigen Personengruppen außerhalb des Projektes zukommen zu lassen, auch wenn diese auf den ersten Blick gar nichts mit dem Projekt zu tun haben. Im nächsten Kapitel erkläre ich Ihnen, warum das trotzdem wichtig sein kann.

Die Stakeholder-Analyse

Viele Projektmanager begehen den Fehler, das Projekt als hermetisch abgeschlossenes Ökosystem zu betrachten, in dem sie nicht über den Tellerrand hinaussehen. Das kann ein gravierender Fehler sein.

Mit dem eigenen Team hat so mancher Projektleiter schon genug im Kopf. Da wird schnell mal ausgeblendet, dass das Projekt weit über Ihr Projektteam hinausgehen kann. Was ist zum Beispiel mit anderen Abteilungen, deren Arbeit vom Erfolg Ihres Projektes abhängt? Was ist mit TV-Sendern, die über Ihr Projekt berichten könnten?

Wer sich im Glauben wiegt, mit der Projektplanung im eigenen Unternehmen wäre alles getan, begibt sich auf dünnes Eis. Stellen Sie sich einmal vor, eine Firma führt ein Projekt durch und nach ein paar Tagen wird in der Presse äußerst negativ darüber berichtet.

So etwas kann immer passieren, aber auf diese äußeren Einflüsse muss man sich einstellen, um angemessen darauf reagieren zu können. Hätte diese Firma die Presse im Vorfeld ausführlich über das Projekt informiert, dann wäre vielleicht ein ausgewogener Bericht über das Projekt erschienen, der auch die Sichtweise des Unternehmens berücksichtigt – wenn nicht sogar einer, der ausschließlich positiv über das Unternehmen berichtet.

Eine Instanz wie die Presse nennt man im Projektmanagement „**Stakeholder**". Stakeholder lässt sich mit „**Interessensgruppe**" übersetzen. Neben der Presse gibt es noch einige andere, wie zum Beispiel Behörden, Organisationen, aber auch der Betriebsrat gehört dazu.

Sie alle können Einfluss auf Ihr Unternehmen und auf das Projekt haben – sowohl positiven als auch negativen. Bestimmt haben Sie anhand des Beispiels erkannt, dass es bedeutsam ist, seine Stakeholder zu kennen, um das Projekt nicht zu gefährden.

Aber wie können Sie das am besten umsetzen? Wie immer empfiehlt es sich in diesem Fall, gemeinsam mögliche Stakeholder zu identifizieren. Sammeln Sie, zum Beispiel in einer Mindmap, welche Interessensgruppen Ihr Projekt unmittelbar tangieren – sprich, welche Stakeholder Ihr Projekt interessieren könnte.

Am Ende könnte dort, wo Sie die Ergebnisse notieren, etwa derjenige stehen, der den Auftrag erteilt hat - eine Behörde, die streng auf die Einhaltung bestimmter Normen achtet, eine Zeitung, die von Ihrem Projekt berichtet, oder eine Organisation für Umweltschutz, die sich dafür interessiert, ob Ihr Projekt auch nachhaltig umgesetzt wird.

Das sind wie immer nur Beispiele, um zu verdeutlichen, worum es sich bei Stakeholdern handelt. Bei Ihrem Projekt kann es natürlich einen ganz anderen Kontext und dementsprechend auch andere Stakeholder geben.

Damit Sie möglichst viele der Interessensgruppen finden und zum Schluss eine vollständige Mindmap vor sich liegen haben, eignet sich ein Brainstorming im ganzen Team. Anschließend sollten Sie gewichten, wie viel Einfluss die einzelnen Interessensgruppen auf Ihr Projekt haben können.

So ist beispielsweise eine kleine Wochenzeitung mit ein paar hundert Lesern mit ziemlicher Sicherheit weniger einflussreich als eine große Tageszeitung, die hunderttausende Leser hat. Genauso kann Ihnen eine Umweltschutzorganisation zwar attestieren, dass Sie sich bei Ihrem Projekt zu wenig um den Schutz der Umwelt kümmern würden. Wirkliche Verbote aussprechen oder gegen Sie eine Strafzahlung verhängen kann aber nur die dafür zuständige Behörde.

Nehmen Sie drei Stifte zur Hand, am besten einen grünen, einen gelben und einen roten. Umkreisen Sie dann diejenigen Stakeholder, denen Sie nur einen geringen Einfluss auf Ihr Projekt zuschreiben würden, mit dem grünen Stift, diejenigen, denen Sie einen höheren Einfluss zuteilen, mit dem gelben und die Interessensgruppen, die Ihr Projekt am stärksten beeinflussen können, mit dem roten Stift.

Das ist eine perfekte Maßnahme, um mit einem Blick sehen zu können, welche Einflussnehmer für Sie am wichtigsten sind. Um Ihre Visualisierung noch genauer zu differenzieren, können Sie für die einzelnen Stakeholder noch notieren, wie ihre Einstellung gegenüber dem Projekt ist.

I. **Wenn eine Interessensgruppe Ihr Projekt unterstützt, vermerken Sie einen fröhlichen Smiley auf der Mindmap neben dem Namen des Stakeholders**

II. **Einflussnehmer, von denen Sie befürchten, dass Sie Ihrem Projekt gegenüber negativ eingestellt sein könnten, markieren Sie mit einem traurigen Smiley**

III. **Bei ambivalent oder neutral eingestellten Stakeholdern können Sie sich eines Smileys bedienen, dessen Mundwinkel weder nach oben noch nach unten zeigen**

Diese Methode zeigt Ihnen auch, wie das Umfeld Ihr Projekt im Großen und Ganzen sieht. Am besten ist es natürlich, wenn die Mundwinkel aller Smileys nach oben zeigen – das würde bedeuten, dass Sie bei Ihrem Projekt eventuell nur sehr wenig oder gar keinen Gegenwind zu befürchten haben. Aber auch, wenn neben Ihren Stakeholdern nur traurige Smileys stehen, sollten Sie nicht verzweifeln. Sehen Sie es so: Es ist besser, man weiß um die Kritiker des Projektes, als sich deren Präsenz nicht bewusst zu sein und dann von den negativen Folgen überrascht zu werden.

Nun gilt es, eine passende Strategie zu finden, um mit den Stakeholdern zu kommunizieren. Dabei haben Sie die wertvolle Chance, Ihre Vermutungen bezüglich der Einstellung der Stakeholder gegenüber dem Projekt noch einmal zu überprüfen.

Konzentrieren sollten Sie sich bei der Kontaktaufnahme mit den verschiedenen Interessensgruppen aber auf diejenigen, die Ihr Projekt negativ sehen könnten – die anderen sind tendenziell schon auf Ihrer Seite. Dadurch haben Sie auch die Chance, die Skeptiker für sich zu gewinnen.

Fragen Sie am besten nach, ob es irgendwelche Bedenken bezüglich des Projektes gibt und versuchen Sie, einen Kompromiss auszuhandeln. Ansonsten haben Sie auch die Möglichkeit, durch gezieltes Marketing die skeptischen Stakeholder zu überzeugen. So kann zum Beispiel eine Umweltorganisation von der Nachhaltigkeit Ihres Projektes überzeugt werden, indem bei einer Kampagne insbesondere ein möglicher positiver Einfluss auf die Umwelt beworben wird.

Viele Unternehmen versuchen auch, Druck auf ablehnende Stakeholder aufzubauen – davon kann ich Ihnen nur dringend abraten. Vielleicht erinnern Sie sich noch an den inzwischen zurückliegenden Skandal, bei dem ein Politiker einer Zeitung telefonisch drohte, schadende Informationen zu veröffentlichen. Das hatte einen gegenteiligen Effekt, denn die Zeitung veröffentlichte den Drohanruf des Politikers gleich mit.

Wenn Sie versuchen, Stakeholder zu unterdrücken, kann das nicht nur negative Folgen für das Projekt haben, sondern ebenso für das Image Ihres Unternehmens.

Reden Sie deshalb lieber sachlich mit den Bedenkenträgern.

Behalten Sie vor und während Ihres Projektes auch immer Ihre Postfächer im Blick. Vielleicht gehen Anfragen von weiteren Stakeholdern ein, die bislang noch gar nicht präsent waren.

Wenn Sie regelmäßig Projekte anstoßen, könnte es sich lohnen, eine Stakeholder-Liste anzufertigen. Diese Liste können Sie wie ein Kontaktverzeichnis aufbauen – der jeweilige Stakeholder mit den dazugehörigen Kontaktmöglichkeiten.

Auf diese Weise erkennen Sie bei neuen Projekten sofort, ob es möglicherweise Stakeholder aus vergangenen Projekten gibt, die auch Ihre künftigen Projekte beeinflussen können. So würden Sie sich langfristig vor jedem neuen Projekt eine ausführliche Stakeholder-Analyse sparen oder diese zumindest zeitlich raffen.

Wenn Sie Projektarbeit durchführen, müssen Sie das Unternehmensumfeld zwingend kennen. Investieren Sie daher ausreichend Zeit, um die Gesamtheit der Interessensgruppen, die im Kontext Ihres Projektes stehen, auszuloten.

In großen Firmen, die nicht zwingenderweise ein übersichtliches Projektumfeld haben, ist es teilweise gebräuchlich, dass ein Mitarbeiter eigens für die Stakeholder-Analyse und die Überwachung von Stakeholdern abberufen wird.

Das Stakeholder-Monitoring

Die USA und Nordkorea waren jahrzehntelang erbitterte Feinde. Anfangs folgte auch Donald Trump, der 45. Präsident der Vereinigten Staaten, dieser Linie. Die Situation spitzte sich sogar so weit zu, dass viele Amerikaner einen neuen Atomkrieg fürchteten.

Doch dann — die Kehrtwende. Von einer Woche auf die andere näherten sich Trump und der Staatschef Nordkoreas, Kim Jong Un, einander an und vereinbarten die Wiederaufnahme der Atomgespräche. Später kam es sogar zu zwei Treffen der beiden Regierungschefs.

Dieses Beispiel verdeutlicht, dass bestimmte Interessensgruppen keine Konstanten sind. Ihre Positionen, Erwartungen und Ziele können mitunter sehr plötzlich wechseln. Im Projektmanagement ist das nicht anders:

Hinsichtlich der Stakeholder sollten Sie sich mit einer einmaligen Einschätzung beziehungsweise Kontaktaufnahme nicht zufriedengeben, denn auch die Rollen der Stakeholder können sich während des Projektes grundlegend verändern.

Wird etwa der gesetzliche Rahmen angepasst, muss eine Behörde tätig werden, wohingegen diese das vor der Gesetzesänderung nicht hätte tun müssen. Ebenfalls kann es passieren, dass ein Unternehmen, welches Sie als Stakeholder klassifiziert haben, eine neue Führungsperson einstellt. Womöglich ändert sich damit auch die Linie gegenüber Ihrem Unternehmen beziehungsweise Ihrem Projekt.

Darüber hinaus kann es ebenso vorkommen, dass ein Planungsfehler im Projekt dazu führt, dass signifikant umgedacht werden muss. Womöglich wendet sich infolgedessen ein Stakeholder gegen Ihr Projekt, weil ihm der neue Plan einfach nicht zusagt.

Um feststellen zu können, ob sich die Haltung einer Interessensgruppe, die auf das Projekt Einfluss nimmt, verändert hat, können Sie E-Mails und Post des betreffenden Stakeholders analysieren und Notizen in Gesprächen mit Vertretern eines Stakeholders machen.

Steht der Stakeholder in der Öffentlichkeit, lohnt es sich ebenfalls, Medienberichte auszuwerten und Pressemitteilungen zu lesen.

Schnell wird Ihnen auffallen, wenn es neue Bedenken oder auch neuen Zuspruch gibt. Wie ein Stakeholder aktuell zu Ihrem Projekt steht, können Sie in einem **Stakeholder-Portfolio** visualisieren.

Dazu zeichnen Sie ein großes Rechteck und ziehen eine Quer- und eine Längslinie hindurch. Am Ende sollte das wie ein Fenster aussehen. Die linke Seite beschriften Sie mit „Bedeutsamkeit“, die untere Seite mit „Konfliktpotenzial“. Links wird also nun der Einfluss des Stakeholders gemessen, unten die Wahrscheinlichkeit, dass zwischen Ihrem Unternehmen und dem Stakeholder tatsächlich ein Disput ausbricht.

Um die Bedeutung der Achsen noch deutlicher zu machen, schreiben Sie an die untere linke Ecke „niedrig“ und an die obere linke Ecke „hoch“. Genauso verfahren Sie mit der „Konfliktpotenzial“-Achse unten. Sie beschriften diese links mit „wenig“ und rechts mit „viel“.

Nun können Sie — am besten in verschiedenen Farben - Punkte in die Kästen einzeichnen. Die Punkte symbolisieren Ihre Stakeholder. Ein Stakeholder, der unten rechts eingezeichnet wurde, hätte in dem Diagramm zwar nicht viel Macht, allerdings besteht ein hohes Konfliktpotenzial.

Ein Stakeholder, der oben links steht, hätte wiederum viel Einfluss, die Chance bezüglich eines Streits wäre jedoch wesentlich geringer.

Wenn Sie diese Visualisierung an ein Whiteboard zeichnen, können Sie verschiedenfarbige Magnete als Symbole für die einzelnen Stakeholder verwenden. Wenn Sie nun ermittelt haben, dass sich die Einstellung eines Stakeholders gegenüber dem Projekt verändert hat, können Sie den Magnet verschieben.

Diese Echtzeit-Visualisierung erlaubt Ihnen, stets ein aktuelles Bild der Stakeholder-Situation zu haben. Natürlich ist dieses Diagramm ein Stück weit subjektiv, weil es keine feste Maßeinheit gibt, anhand derer man den Einfluss oder das Konfliktpotenzial messen könnte. Dennoch bietet diese Visualisierung einen ziemlich guten Richtwert.

Tendenzen können Sie darüber hinaus mit Pfeilen markieren. Gehen Sie beispielsweise davon aus, dass ein bestimmter Stakeholder in der nächsten Zeit an Einfluss gewinnen könnte, zeichnen Sie vom Magnet aus einen Pfeil nach oben.

Somit haben Sie immer vor Augen, auf welche Stakeholder Sie besonders achten müssen und welche Handlungsschritte nötig werden.

Generell können Sie sich folgende **Faustregel** merken:

I. **Den Stakeholdern, welche auf Ihrer Visualisierung oben rechts gelagert sind, sollten Sie die meiste Aufmerksamkeit schenken, denn bei ihnen ist der Einfluss sowie das Konfliktpotenzial sehr hoch.**

II. **Anschließend sollten Sie sich den Stakeholdern widmen, die großen Einfluss, aber kein hohes Konfliktpotenzial, haben – sie befinden sich im Kästchen oben links.**

Im Endeffekt müssen Sie selbst bestimmen, inwieweit sich ein solches Monitoring in Ihrem Fall lohnt. Womöglich gibt es gar keine kritischen Stakeholder oder Sie sind felsenfest davon überzeugt, dass Stakeholder die Meinung zu Ihrem Projekt nicht ändern werden.

Eventuell ist auch die Anzahl der Interessensgruppen in Ihrem Fall überschaubar, sodass ein solches Monitoring wegfallen kann. Gibt es jedoch viele Stakeholder, die auf das Projekt Einfluss nehmen könnten, ist diese Art der Visualisierung sehr wertvoll.

Stakeholder können einerseits ein großer Gewinn, aber andererseits auch ein Risiko für das Projekt darstellen. Ein gutes Stakeholder-Management ist deshalb für den Projekterfolg sehr hilfreich.

Projektgefahren abwenden mittels Risiko-Management

Kommen wir zu einer eher unangenehmen – dafür aber spannenden – Disziplin des Projektmanagements: der Risikoanalyse. Fallen Mitarbeiter aus und Sie können den Mangel an Arbeitskräften nicht angemessen ausgleichen, haben Sie große Schwierigkeiten. Ebenso problematisch wäre es, wenn die Mitarbeiter aneinander vorbei arbeiten und sich nicht gegenseitig absprechen.

Diese oder ähnliche Risiken bestehen bei jedem Projekt. In jedem dieser Fälle muss man sich mit den Folgen auseinandersetzen: Die Zeitplanung verschiebt sich und gegebenenfalls wird das Projekt viel teurer als zuerst angenommen.

Damit aus solchen Risiken keine echten Probleme entstehen, ist es notwendig, Gefahren für das Projekt rechtzeitig zu erkennen und passende Vorkehrungen zu treffen, um anfallende Probleme schnell aus dem Weg zu räumen. Nachfolgend werde ich Ihnen einige Strategien vorstellen, mit Hilfe derer Sie Ihre Projekte in Zukunft voller Zuversicht und ohne unangenehme Zwischenfälle verwirklichen können. Verinnerlichen Sie die Methoden unbedingt und probieren Sie diese am besten unmittelbar bei Ihrer nächsten Projektarbeit aus!

Oft werden vergangene Projekte viel zu schnell wieder in die sogenannte „Fertig-Kiste" gelegt – dabei sind alte Projekte von großer Bedeutung, weil Sie anhand dieser analysieren können, was gut und was nicht so gut gelaufen ist. Man kann also aus der früheren Projektarbeit ablesen, was potenziell zu einer Gefahr werden könnte. Wenn Sie alte vergleichbare Projekte genau prüfen, werden Sie erkennen können, an welchen Stellen das künftige Projekt womöglich risikoanfällig ist.

Nehmen Sie sich als Nächstes Ihren Projektstrukturplan oder Ihr Task-Board zur Hand. Hier haben Sie alle Arbeitsschritte gleichzeitig im Blick, die für Ihr Projekt nötig sind. Somit sind die Risiken, die bei den einzelnen Arbeitsschritten anfallen könnten, schneller identifizierbar.

Holen Sie sich hier nach Möglichkeit Ihr Team zu Hilfe. Wenn Sie dieses befragen, kann Ihnen dessen geballtes Wissen dabei helfen, noch mehr Risiken zu erkennen – schließlich kennen sich die Zuständigen der Arbeitspakete in den meisten Fällen viel genauer mit der jeweiligen Aktivität aus als der Projektleiter, der oft nur ein oberflächlicheres Wissen besitzt.

Nehmen wir an, Sie haben nun eine Liste mit allem, was während des Projekts schiefgehen kann. Lassen Sie sich davon nicht einschüchtern! Formulieren Sie für jedes Risiko aus, wie genau es das Projekt behindern würde.

Betrachten wir noch einmal das Beispiel des Firmenumzugs an einen neuen Standort: Was könnte hier alles schiefgehen?

Beispielsweise wäre denkbar, dass der Umzugsdienstleister kurz vor der Durchführung abspringt oder Möbel beschädigt werden.

Weiterhin wäre es möglich, dass am neuen Standort Mängel bestehen, die bei der ersten Begehung des neuen Firmensitzes noch gar nicht auffielen. – Alles sind wieder nur Beispiele. Bei Ihrem Projekt kann die Risikolage ganz anders aussehen.

Ihre Risiken können Sie nach bestimmten Indikatoren klassifizieren. Hierfür dient uns das sogenannte **„Gefahren-Portfolio“**. Dies ist eine Art Tabelle, auf der x-Achse wird die Wahrscheinlichkeit des Eintritts des Problems angezeigt, auf der y-Achse die Höhe des Schadens, der damit einhergehen würde. Nun wird der Bereich der Tabelle unten links grün gefärbt, der Bereich oben rechts rot.

Alles, was dazwischenliegt, wird gelb markiert. Am Ende dürfte der Bereich zwischen den Achsen in etwa wie eine um 45 Grad im Uhrzeigersinn gedrehte Ghana-Flagge aussehen.

Das können Sie nun ganz einfach nachzeichnen. Für einen unwahrscheinlichen Zwischenfall, der aber hohe Schäden verursacht (z. B. ein Wasserrohrbruch in der neuen Zentrale) würden Sie ein Kreuz links oben in der Tabelle setzen. Das entspräche dem gelben Bereich.

Für ein wahrscheinlich auftretendes Problem, das aber keine besonders hohen Schäden verursacht (z. B. ein weniger einflussreicher Stakeholder lehnt das Projekt ab) setzen Sie ein Kreuz unten rechts. Das entspräche wiederum dem gelben Bereich. Eine wahrscheinliche und gleichzeitig folgengenschwere Gefahr wäre im roten Bereich anzusiedeln. Sie sehen, dass man auf diese Art und

Weise einen schnellen Überblick darüber erhält, wie stark Sie ein bestimmtes Risiko in Ihrer Planung berücksichtigen müssen.

Selbstverständlich muss man sich um ein Problem innerhalb der roten Kategorie ausführlicher kümmern als um eines in der grünen Kategorie.

Nach der Risiko-Klassifizierung widmen Sie sich daher zuerst den „roten" Problemen, also denen, die sowohl schädlich als auch denkbar sind.

Die Wahrscheinlichkeit des Eintretens dieser folgenschweren Probleme können Sie beispielsweise minimieren, indem Sie in den Projektstrukturplan ein weiteres Arbeitspaket einbauen – ein solches, in dem sich nur um die Vorbeugung des befürchteten Problems gekümmert wird. Dadurch werden bereits mögliche Gefahren eliminiert, noch bevor das Team das als risikoanfällige Arbeitspaket in Angriff nimmt.

Befürchtet man zum Beispiel, dass empfindliches und teures Equipment im Umzugswagen beschädigt werden könnte, können sich Mitarbeiter in einer separaten Arbeitsgruppe darum kümmern, die Versicherungssumme der Gegenstände vorher aufzustocken.

Risiken aus der gelben Kategorie sind nicht ganz so wichtig, trotzdem darf man sie nicht vernachlässigen. Wenn Sie aber für jedes „gelbe" Risiko in Ihrem Gefahren-Portfolio ein eigenes Arbeitspaket einplanen, wird das Projekt unnötig aufwendig, kostspielig und zeitfressend.

Hier sollten Sie sich einen Handlungsplan überlegen, den Sie dann anwenden können, wenn das Problem auch wirklich eintritt. In der Regel gibt es aber keinen Handlungsbedarf im Vorhinein. Risiken in der grünen Kategorie können Sie meist ganz vernachlässigen, weil sie sehr unwahrscheinlich sind und — sollten sie trotzdem eintreten — keinen allzu großen Schaden anrichten.

In einigen Fällen lassen sich Risiken zwar begrenzen, aber nicht ganz verhindern. Manche unbedingt notwendigen Arbeitsschritte sind nun einmal für Gefahren anfällig. (Die Feuerwehr könnte auch nicht einfach von einem brennenden Haus abziehen, mit der Begründung, das Risiko sei zu hoch).

Darum hilft es auch, wenn Sie den entsprechenden Mitarbeitern vermitteln, dass es in Ordnung ist, wenn mal etwas schiefgehen sollte. Damit nehmen Sie der Belegschaft die Sorgen und gewährleisten, dass trotz der Gefahr stringent auf das Ziel hingearbeitet wird.

Wenn Sie Ihr Risikomanagement auf die nächste Stufe heben wollen, sollten Sie über die Einrichtung eines Krisen-Teams nachdenken. Eigens für dieses Team werden zwei oder drei Mitarbeiter abgeordnet, die dafür zuständig sind, Risiken zu bestimmen, zu vermeiden und zu bekämpfen.

Dazu gehört auch, von vornherein realistische Zeitvorgaben für das Projekt einzufordern oder das Team in stressigen Situationen zu motivieren. Die Kompetenzen des Krisen-Teams kann auch das Projektmanagement-Büro (siehe Kapitel zum PMO) übernehmen.

Ein effektives Risikomanagement ist ein sehr wirkungsreiches Mittel im Projektmanagement. Auch, wenn man sich sicherlich nicht allzu gern mit Problemen auseinandersetzt – am Ende profitieren alle Seiten von einer guten Vorbereitung auf Risiken.

Damit dem Erfolg des Projektes nichts mehr im Wege steht, ist es ebenfalls sehr wichtig, ein geeignetes Team zusammenzustellen.

Wie eine gute Team-Zusammenstellung für bessere Projektarbeit sorgt

Um eine maximal effiziente und erfolgreiche Projektarbeit zu gewährleisten, müssen die passenden Mitarbeiter eingesetzt werden. Jeder, der in Ihrem Betrieb mitarbeitet, zeichnet sich durch ganz individuelle Stärken und Schwächen aus, die bei der Zusammenstellung des Teams unbedingt berücksichtigt werden sollten.

Wählen Sie für Ihr Vorhaben diejenigen Mitarbeiter, deren Eigenschaften für das Projekt eher von Nachteil sind, kann das die Effizienz verringern. Was nun folgt ist zwar etwas pauschalisiert, hilft jedoch bei der Veranschaulichung des Sachverhalts:

Mitarbeiter lassen sich nicht selten in Typen einteilen – denn jeder hat schließlich eine bestimmte Persönlichkeit und bestimmte Kompetenzen, die ihn ausmachen. Diese verschiedenen Typen stelle ich Ihnen nachfolgend vor. Vielleicht erkennen Sie auch Ihre Mitarbeiter darin wieder:

Der Kopfmensch / Denker:

Er durchblickt Zusammenhänge schnell, in der Regel arbeitet er sehr präzise. Auf das Team legt er nicht allzu großen Wert, oft äußert er keine eigenen Vorschläge, sondern wartet auf Anweisungen von oben.

Der Macher:

Er ist selbstbewusst und selbstsicher. Er bringt aktiv Vorschläge ins Team ein, neigt aber vereinzelt auch zu nicht abgesprochenen Alleingängen. Ihm liegt es hingegen gut, die anderen Team-Mitglieder von seiner Meinung zu überzeugen.

Der Teamworker:

Er denkt immer zuerst an die Menschen im Team. Ihn zeichnet ein hohes Maß an Gruppengefühl aus. Er wünscht sich stets ein harmonisches Team.

Natürlich ist es in der Realität oft etwas komplizierter. Menschen sind vielschichtige Lebewesen und unser Verhalten hängt von vielen Faktoren ab – trotzdem kann man oft gewisse Charakterzüge und Kompetenzen erkennen, die für bestimmte Menschen typisch sind.

Projektmanagement-Forscher fanden schon 1997 heraus, dass Teams, die aus Mitgliedern mit unterschiedlich gelagerten Kompetenzen bestehen, eine höhere Leistung aufweisen als solche, in denen nur Mitarbeiter mit den gleichen Kompetenzen sind.

Befinden sich beispielsweise ausschließlich Mitarbeiter vom Typus „Macher" in Ihrem Team, ist die Wahrscheinlichkeit für Streitigkeiten und Zerwürfnisse größer, weil in der Regel alle unbedingt ihre eigenen Ideen durchsetzen wollen.

Deswegen ist es von großem Vorteil, wenn Sie jemanden mitarbeiten lassen, den Sie als „Teamworker" einordnen. Dann haben

Sie auch eine Kraft in Ihrem Team, die sich für Harmonie und gegenseitiges Verständnis in der Gruppe stark machen wird.

Nachteilig könnte es sein, wenn Sie nur „Denker" im Team haben. Zwar arbeiten diese sehr interessiert und stringent, jedoch könnten mangelnde Absprachen und Impulse für das Team zur Stagnation der Teamarbeit führen.

Genauso wird ein Team, welches nur aus „Teamworkern" besteht, nicht sehr effektiv arbeiten, denn durch das gesteigerte Harmoniebedürfnis, welches oft mit Konfliktscheuheit einhergeht, besteht die Gefahr, dass kein klarer Ton angegeben wird.

Zu starke gegenseitige Sympathie kann ebenso dazu führen, dass man sich vom Rest des Betriebes abkapselt und eine Art „Zelle" innerhalb des Unternehmens bildet. Das behindert die Kommunikation mit Außenstehenden immens.

Sie sehen also: **Am effektivsten ist das Team, in dem alle Mitarbeiter-Typen vertreten sind.** Dann werden die Schwächen jedes Typus von den Stärken der anderen ausgeglichen. Um nun herauszufinden, wer für Ihr Projekt in Frage kommt, müssen Sie ermitteln, welche Art von Persönlichkeit Ihre Mitarbeiter besitzen.

Wenn Sie einen Personaler haben, bietet es sich an, ihn nach den Kompetenzen der Mitarbeiter zu fragen. Sie können auch direkt mit den Beschäftigten in Verbindung treten und sich erkundigen, welche Mitarbeiter über bestimmte Kompetenzen verfügen. Beziehen Sie in letzterem Fall aber unbedingt alle potenziell beteiligten Mitarbeiter ein, damit sich niemand benachteiligt oder übergangen fühlt.

Bei der Auswahl der Mitarbeiter gilt es außerdem, einige Faustregeln zu beachten:

Vermeiden Sie auf jeden Fall ein Team, das Sie aufgrund von persönlichen Vorlieben oder Sympathie zusammenstellen. Dadurch laufen Sie Gefahr, viel kompetentere Mitarbeiter von Anfang an auszuklammern — nur, weil diese Ihnen möglicherweise weniger sympathisch sind. Damit verschenken Sie in vielen Fällen großes Potenzial. **Beherzigen Sie diesen Ratschlag daher unbedingt!**

Natürlich ist eine gewisse Grundsympathie im Team richtig und wichtig, aber machen Sie Ihre Entscheidungen letztendlich anhand der Kompetenzen Ihrer Mitarbeiter fest — dann ist es auch fair.

Lassen Sie sich also, bevor Sie jemanden ins Team berufen, gründlich durch den Kopf gehen, ob Ihre Entscheidung auch wirklich neutral ist, oder ob Sie sich nur wegen des guten zwischenmenschlichen Verhältnisses für den Mitarbeiter entscheiden.

Dass wir Entscheidungen anhand von persönlichen Vorlieben treffen, ist für uns Menschen ganz normal. Umso wichtiger ist es, dass Sie versuchen, diese Angewohnheit bei der Zusammenstellung des Teams auszublenden.

Ein weiterer Fehler, den es unbedingt zu vermeiden gilt, sind Entscheidungen, basierend auf den zum Zeitpunkt der Team-Zusammenstellung verfügbaren Kapazitäten. Wenn gerade eine geschäftlich ruhige Zeit herrscht und der Betrieb nur spärlich besetzt ist, befinden sich die eventuell am besten geeigneten Kollegen womöglich nicht vor Ort.

Hier gilt es dann, das Projekt nicht gewaltsam und womöglich mit weniger geeigneten Mitarbeitern anzustoßen. Warten Sie lieber, bis wieder genügend personelle Ressourcen verfügbar sind. Geben Sie sich auf keinen Fall der Ungeduld hin!

Zum Schluss gibt es noch einen letzten Ratschlag, wie Sie die Effizienz und den Erfolg des Teams noch einmal drastisch erhöhen können:

Achten Sie auf dessen Größe!

Sitzen in der morgendlichen Besprechung 20 Mitarbeiter, wird es schnell unübersichtlich, es wird eventuell kein gemeinsamer Konsens gefunden und Phasen der Beratung strecken sich in die Länge. Daher ist es essenziell, dass Sie ein Team mit einer angemessenen Größe zusammenstellen. In der Forschung hat sich gezeigt, dass Teams mit vier bis acht Mitarbeitern am besten arbeiten.

Daran sollten auch Sie sich orientieren. Wenn das Projekt zu groß ist und in verschiedene Arbeitspakete gegliedert werden kann, können Sie ebenso das gesamte Team in verschiedene kleinere Teams aufteilen. So stellen Sie auch bei einem umfangreicheren Projekt sicher, dass die Teamgröße nicht ins Unermessliche geht. Um in dieser Hinsicht zu planen, empfiehlt sich abermals der Projektstrukturplan.

Nur dann, wenn die Gruppe gut zusammengesetzt ist, kann die Projektarbeit den größtmöglichen Erfolg bringen.

Versuchen Sie deshalb in jedem Fall, die hier erläuterten Strategien anzuwenden – dies wird die Zusammenarbeit des Teams enorm verbessern.

Es kommt dennoch vor, dass es trotz einer guten Teamauswahl zu Konflikten in der Belegschaft kommt. Manchmal lässt sich das einfach nicht vermeiden und innerhalb des Projektteams kommt es zu Streitigkeiten. Wie Sie mit Auseinandersetzungen, Differenzen und Beziehungskonflikten umgehen, erfahren Sie im Kapitel „Konfliktmanagement".

Am Ende der Planungsphase möchte ich Ihnen noch ein Universaltool des Projektmanagements vorstellen, welches oft unterschätzt wird – die Mindmap.

Darum sollten Sie mit Mindmaps arbeiten

Wenn man das Wort „Mindmap" hört, gibt es unterschiedliche Meinungen. Einige sehen in dieser Methode eine banale und dazu noch ungenaue Visualisierungsmethode.

Andere wiederum haben verstanden, dass Mindmaps als absolute Multitalente gesehen werden, und dass sie erheblich besser sind als ihr Ruf. Tatsächlich ist Mindmapping eine Arbeitsmethode, mit der Sie Ihr Projekt signifikant aufwerten können.

Die Wahrheit ist: Wenn Sie sich gerade in der Grobplanungsphase Ihres Projektes befinden und vielleicht ein Angebot für Ihren Auftraggeber erarbeiten, sollten Sie immer auf Mindmaps zurückgreifen. Das Mindmapping kennt so gut wie keine Grenzen und kann daher in jedem Unternehmensbereich angewendet werden.

Bei Mindmaps werden Gedanken zu einem bestimmten Thema visualisiert. Alle **Einfälle**, **Ideen**, **Anregungen**, **Planungen** und **Überlegungen**, die Ihnen und Ihrer Belegschaft während eines Meetings in den Sinn kommen, werden in die Mindmap eingetragen.

Das hat nicht nur den Vorteil, dass Sie immer alles im Blick haben – es kann auch eine Kettenreaktion ausgelöst werden. Durch die Visualisierung der Planung kommen oft automatisch weitere Einfälle. Die Mindmap ist deshalb ein toller Kreativitätsmotor, ideal für den Start Ihres Projektes.

Die Bedeutung von Kreativität in der Umsetzung von Projekten wird leider häufig unterschätzt. Oft müssen Lösungen für neue Probleme gefunden werden, bei denen die eingespielten Ansätze nicht mehr mithalten können. In solchen Phasen ist das Mindmapping sehr wertvoll.

Wie ist eine Mindmap aufgebaut?

Nehmen Sie sich am besten ein Blatt Papier zur Hand und schreiben Sie in die Mitte den Oberbegriff bzw. das Thema, zu dem Sie die Mindmap anlegen möchten. Das könnte zum Beispiel ein „Tag der offenen Tür“ sein.

Umkreisen Sie den Oberbegriff und machen Sie sich Gedanken zum Thema. Bei einem Tag der offenen Tür sind beispielsweise einige Attraktionen und Highlights wichtig, die das Publikum anziehen.

Ein weiterer elementarer Bestandteil ist die **Verpflegung** – ein Kaffeeausschank und eine kleine Kuchenauswahl gehören einfach dazu. Schön wäre auch eine musikalische Untermalung des Tages. Diese drei Unterpunkte – „Musikalische Untermalung“, „Verpflegung“ und „Attraktionen“ – schreiben Sie ringsherum um den Oberbegriff „Tag der offenen Tür“. Die Unterpunkte umkreisen Sie ebenfalls. Stellen Sie dann mit Hilfe einer Linie eine Verbindung zum Oberbegriff her.

Den „Tag der offenen Tür“ haben Sie auf diese Weise wirksam in Aspekte aufgeteilt. Die Unterpunkte können Sie nun noch weiter unterteilen. Zum Beispiel bei „Musikalische Untermalung“: Soll an Ihrem Tag der offenen Tür ein Chor auftreten, eine Rockband oder eine Kapelle spielen? Oder soll einfach CD-Musik laufen?

All diese Ideen können Sie neben den Unterpunkt „Musikalische Untermalung“ schreiben und ebenfalls verbinden. So ergibt sich ein immer detailreicheres Bild von Ihrem Tag der offenen Tür. Und auch diese Unterunterpunkte können Sie theoretisch noch weiter aufschlüsseln – hier sind Ihnen keine Grenzen gesetzt. Am Ende sollte Ihre Mindmap wie ein Kreis (Oberbegriff) aussehen, von dem verschiedene Baumdiagramme ausgehen (Unter- sowie Unterunterpunkte).

Hier endet das Potenzial der Mindmap aber noch nicht: Wenn sich bestimmte Themenfelder Ihrer Mindmap überschneiden, können Sie hier mit einer Linie ebenfalls eine Verbindung herstellen. So ist „Musikalische Untermalung“ auf Ihrer Mindmap zwar ein eigenständiger Gesichtspunkt, es gibt aber Überschneidungen zum Punkt „Attraktionen“. Schließlich wäre eine echte Rockband auch ein Highlight.

Dies ist ein weiterer Vorteil der Mindmap:

Die Verknüpfungen zwischen den verschiedenen Themenfeldern werden deutlich. Würden Sie einfach alles in eine Liste oder Tabelle eintragen, wäre das nur halb so effektiv.

Die Verbindungslinien können Sie nun noch nach Belieben farbig untermalen, um Akzente zu setzen und bestimmte Aspekte Ihrer Mindmap besonders hervorzuheben. Außerdem können Sie mit verschiedenen dicken Stiften arbeiten, um die Relevanz verschiedener Punkte besonders herauszustellen.

Nicht nur bei der Grobplanung können Sie auf die Technik des Mindmappings zurückgreifen. Mindmaps können in allen Bereichen des Projektmanagements angewendet werden, wenn es darum geht, in kurzer Zeit möglichst viele Gedanken zu einem Thema festzuhalten. Die Mindmap ist also ein extrem wirksames Instrument zum Sammeln von spontanen Einfällen (Brainstorming).

Ebenso können Sie Ihrer Mindmap von vornherein mehr Struktur geben – zum Beispiel dann, wenn Sie sich folgende sieben Fragen stellen:

1. Wo stehen wir gerade?
2. Warum machen wir das Projekt überhaupt?
3. Was soll erreicht werden?
4. Welche Personen oder Personengruppen sind beteiligt?
5. Wie sollen wir die Ziele erreichen?
6. Bis wann sollen die Ziele erreicht werden?
7. Wie teuer wird das Projekt?

Diese Fragen sind auch als die

„Sieben W-Fragen des Projektmanagements"

bekannt. Mit ihnen provozieren Sie eine konkrete Ermittlung des Ist- und des Soll-Zustandes. Die Erarbeitung dieser Fragestellungen können Sie ideal mit Hilfe einer Mindmap vornehmen.

Auch dann, wenn das Projekt bereits vollzogen wird, kann es vorkommen, dass neue Ideen und Lösungswege gefunden werden müssen – etwa, wenn etwas nicht wie geplant funktioniert. Erneut können Sie auf Mindmaps setzen und die Gedankengänge von Ihnen und den Mitarbeitern zu Papier bringen. Die lockere Art, die Ideen zu verschriftlichen, kann dabei animierend wirken. Denn wer hat schon trockene Tabellen gern?

Abseits von Brainstorming- und Ideenfindungs-Phasen können Sie Mindmaps auch als Notizwerkzeug einsetzen. Wenn Sie sich vielleicht gerade in einer Weiterbildung befinden und daraus möglichst viele Informationen mitnehmen wollen, können Sie die Inhalte schnell und prägnant verschriftlichen und sie ohne viel Mühe nebenbei auch noch sinnvoll strukturieren – ein riesiger Vorteil gegenüber herkömmlichen Listen mit Spiegelstrichen.

Auch Briefe beziehungsweise E-Mails zu Ihrem Projekt, Vertragliches, aber auch Zwischenberichte zu einzelnen Arbeitspaketen im Projekt können Sie mit Mindmaps verarbeiten. Haben Sie einen längeren Text vor sich, können Sie diesen mit Hilfe des Mindmapping problemlos strukturieren. Dadurch, dass Sie weitere Unterpunkte anlegen und somit immer mehr Verästelungen entstehen, bleibt die Mindmap sowohl übersichtlich als auch präzise und detailliert.

Wenn Sie Ihre Mindmap handschriftlich anfertigen, achten Sie darauf, ein großes Blatt Papier zu verwenden. Da Sie zu Beginn nie ganz einschätzen können, wie viele Gedanken und Ideen am Ende tatsächlich in der Mindmap stehen, sollten Sie immer genügend Platz einplanen. Natürlich gibt es auch Möglichkeiten, Mindmaps digital anzufertigen. Probieren Sie doch einmal das kostenlose Programm „Mindmeister“ aus. Dies können Sie im Internet benutzen, ohne die Software herunterladen zu müssen.

Hier können Sie riesige Mindmaps erstellen. Wenn Ihre Visualisierung so groß wird, dass sie nicht mehr auf den Bildschirm passt, können Sie mit der Maus einfach von einem Ende an das andere navigieren. Selbstverständlich kann man diese Mindmap dann auch ausdrucken.

Allerdings sollten Sie darauf achten, den Umfang der Mindmap nicht ins Unermessliche steigen zu lassen. Trotz der hohen Übersichtlichkeit kann es passieren, dass Sie sich nach zwanzig Verästelungen womöglich selbst nicht mehr zurechtfinden. Beachten Sie dies, stellen Mindmaps eine unschlagbare Möglichkeit dar, Planung, Ideenfindung und Strukturierung Ihres Projektes zu vereinfachen. Daher sollten auch Sie Mindmaps in Ihre Abläufe integrieren.

Während des Projektes - Projektsteuerung und Kommunikation

Projekte steuern mit Fortschrittsgraden

Die Projektplanung ist abgeschlossen, nun beginnt die Realisierung Ihres Projektes. Wie Sie immer im Blick haben, ob Sie gut in der Zeit liegen oder ob es Bedarf zum Gegensteuern gibt, erfahren Sie jetzt.

In Hamburg wurde 2007 mit dem Bau eines neuen Konzertgebäudes begonnen, der Elbphilharmonie. Der damalige Bürgermeister schätzte die Kosten für die Errichtung des heutigen Wahrzeichens der Hansestadt am Anfang auf rund 240 Millionen Euro. Etwas später stellte sich heraus, dass diese Kostenplanung nicht zutreffen würde.

Der Generalunternehmer, der für den Bau des Konzerthauses zuständig war, schätze die gesamten Kosten fünf Jahre später auf 575 Millionen Euro. Aber selbst das war noch untertrieben. Am Ende kostete das Projekt knapp eine Milliarde Euro.

Mit diesem Beispiel möchte ich verdeutlichen, dass die Planung und die tatsächliche Durchführung eines Projektes oft meilenweit auseinanderliegen können.

Das sieht man jedoch nicht nur am Beispiel der Elbphilharmonie. Bei dem geplanten Großprojekt „Bahnhof Stuttgart 21“ sieht es ähnlich aus und erst recht bei dem geplanten Flughafen Berlin-Brandenburg.

Aber nicht nur bei diesen großen Bauprojekten, sondern bei wirklich jedem Projekt besteht die Gefahr, sich zu verschätzen. Oft wird nämlich bei einem Projekt, was finanzielle und zeitliche Ressourcen betrifft, entweder zu sparsam oder aber viel zu großzügig geplant. Häufig bekommt man das erst dann mit, wenn das Projekt schon längst läuft.

Am Beispiel der Elbphilharmonie sieht man deutlich, wie solche Fehlplanungen dann zu einem rapiden Kostenanstieg führen. Auch Sie und Ihr Team werden — zumindest kleinere — Fehler in der Planung begehen. Wenn aber schnell erkannt wird, dass in der konkreten Umsetzung etwas anders läuft als ursprünglich vorausgesehen, können noch mögliche Handlungswege ausgelotet und eine Lösung gefunden werden, bevor Ihr Projekt sehr teuer wird oder sich zeitlich unnötig in die Länge zieht.

Darf ich Ihnen „Die Disziplin der Projektsteuerung" vorstellen?

Im Folgenden werde ich wertvolle Strategien präsentieren, mit denen Sie Ihr Projekt von Anfang bis Ende sicher steuern. Dieses Kapitel ist besonders für den Erfolg Ihres Projektes wichtig. Machen Sie sich am besten noch während des Lesens Notizen!

Wenn Sie sicher gehen wollen, dass Ihr Projekt reibungslos verläuft, kommen Sie nicht darum herum, regelmäßig den Stand der Arbeitspakete zu überprüfen. Nur so können Sie garantieren, Kosten- und zeitliche Abweichungen vom Plan so früh wie möglich festzustellen und daraufhin einen alternativen Zeitplan ausarbeiten.

Wie verwirklichen Sie das?

Wenn Ihre Mitarbeiter gerade an einem Arbeitspaket arbeiten, haken Sie am besten nach und erkundigen sich bei ihnen nach dem Fortschritt, der gemacht wurde. Aber nicht irgendwie – fragen Sie nach konkreten Prozentangaben, um ein möglichst einheitliches und somit vergleichbares Ergebnis von allen Mitarbeitern zu erhalten.

Wenn der Fortschritt der Aufgabe nicht genau messbar ist, hilft hier auch eine Schätzung. Diese ist dann zwar subjektiv und eventuell nicht hundertprozentig genau — wenn Sie die Mitarbeiter aber um eine ehrliche Schätzung bitten, können Sie sich aus der Gesamtheit der Auskünfte trotzdem ein recht gutes Bild machen.

Dabei sollten Sie aber gut aufpassen: Sobald Sie von Ihren Mitarbeitern auffällig oft „90 %" als vermeintlichen Fortschrittsgrad hören, sollten Sie zumindest ein kleines bisschen misstrauisch werden. Dahinter versteckt sich nicht selten das sogenannte 90 %-Syndrom. Oft ist man nämlich dazu geneigt, den Bearbeitungsstand einer Aufgabe zu hoch anzugeben, weil man sich in Sicherheit wägt, den Rest schnell erledigen zu können, auch wenn die 90 % eigentlich noch gar nicht erreicht sind.

Die Arbeitspakete, deren Fortschrittsgrad mit 90 % angegeben werden, sollten Sie deshalb nochmal genau unter die Lupe nehmen. Weil es vielen Menschen schwerfällt, genaue Prozentangaben zu machen, können Sie solche auch vorgeben.

Beispielsweise könnten Sie nach einem Wert auf der Zehnerschritt-Skala fragen, d. h. von 0 % über 10 % und 20 % bis hin zu 100 %. Oder Sie bedienen sich einer Fünferschritt-Skala, d. h. von 0 % über 25 %, 50 %, 75 % und 100 %.

Liegen Ihnen die Fortschrittsgrade der Arbeitspakete vor, können Sie sich einen Eindruck machen, ob Sie gut in der Zeit liegen oder im Verzug sind. Das ist zwar nicht ganz akkurat, da es sich, wie schon erwähnt, in den meisten Fällen um eine Schätzung handelt. Alle Rückmeldungen zusammen ergeben aber meist ein erstaunlich genaues Bild.

Wiederholen Sie die Ermittlung des Fortschrittsgrades jede Woche oder alle zwei Wochen, um immer auf dem neuesten Stand zu sein.

Auf diese Methode sollten Sie bei keinem Ihrer zukünftigen Projekte verzichten, denn so erkennen Sie zeitliche Abweichungen nicht erst dann, wenn der Schaden bereits eingetreten ist.

Nehmen wir an, ein Projektmanager verzichtet auf die Ermittlung der Fortschrittsgrade. So ist die Wahrscheinlichkeit wesentlich niedriger, ein zeitliches und personelles Defizit innerhalb eines Arbeitspaketes schnell zu entdecken. Dass die rechtzeitige Fertigstellung zu scheitern droht, wird somit möglicherweise erst kurz vor dem geplanten Zieldatum sichtbar. Dann ist es eventuell zu spät, dieses Defizit zu kompensieren. Weitere Arbeitspakete, die von dem defizitären Arbeitspaket abhängen, könnten dann nicht rechtzeitig angestoßen werden.

Nehmen wir an, der Projektmanager überprüft in regelmäßigen Abständen, zu welchem Grad die Arbeitspakete fertiggestellt sind — dann können Verzögerungen wesentlich schneller erkannt, das Projekt verlängert oder weitere Kapazitäten zur Verfügung gestellt werden.

Sie sehen — die Überprüfung der Fortschrittsgrade ist enorm wichtig, um Komplikationen während des Projektes zu vermeiden.

Wie Sie und Ihr Team den Projektfortschritt in Echtzeit einsehen können, erkläre ich Ihnen im Anschluss.

Wie Task-Boards die Projektarbeit erleichtern

Sobald Ihr Projekt angelaufen ist empfiehlt es sich nachvollziehen zu können, wie weit Sie schon sind. Dazu eignen sich sogenannte Task-Boards perfekt. Diese können eine wirksame Ergänzung zur Fortschrittsgrad-Erhebung sein.

Mithilfe von Task-Boards können Sie und Ihr Team ganz leicht feststellen, wie weit die einzelnen Teile eines Projektes fertiggestellt wurden. Nehmen Sie sich für Ihr künftiges Task-Board am besten ein einfaches White-Board und platzieren Sie es an einem Ort, an dem alle Mitarbeiter des Projekts darauf zugreifen können. Das ist essenziell, denn so sind alle Mitarbeiter immer auf dem neuesten Stand, was die Erarbeitung des Projekts angeht.

Nehmen Sie dann einen Stift, der sich für Ihr White-Board eignet und zeichnen Sie drei Spalten auf die Fläche. Die linke Spalte beschriften Sie mit „Zu erledigen“, die mittlere Spalte mit „In Bearbeitung“ und die rechte Spalte mit „Fertig“. Nun beschriften Sie einfache Haftzettel mit den einzelnen Schritten, die während des Projekts erledigt werden müssen. Dafür eignen sich ideal die Arbeitspakete, die Sie schon im Projektstrukturplan festgehalten haben.

Muss zum Beispiel für einen Umzug in eine neue Firmenzentrale ein Informationsflyer erstellt werden, könnten Sie einen Haftzettel mit dem Wort „Flyer“ beschriften. Der Mitarbeiter, der für die Erstellung des Flyers zuständig ist, kann den Zettel, sobald er mit der Aufgabe beginnt, in die mittlere Spalte mit der Aufschrift „In Bearbeitung" verschieben. Nach Beendigung hängt er den Zettel in die rechte Spalte mit der Bezeichnung „Fertig". Das hilft den Mitarbeitern, sich untereinander abzusprechen, die Arbeit nicht aus Versehen doppelt zu erledigen und vor allem, das Team nachhaltig zu motivieren – weil die bisherigen Erfolge nun am Task-Board visualisiert werden und für jedermann sichtbar sind.

Doch die Möglichkeiten, die Task-Boards bieten, enden hier noch lange nicht: Zum Beispiel können Sie zwischen den beiden Spalten „In Bearbeitung" und „Fertig" noch eine weitere Spalte mit der Aufschrift „Überprüfung" einbauen, wenn die Aufgaben nach deren Erarbeitung noch von einem anderen Mitarbeiter genehmigt werden müssen.

Auch andere Task-Board-Varianten sind möglich. Wenn Sie mit einem großen Team zusammenarbeiten, kann es sinnvoll sein, auf der linken Seite des White-Boards für jeden Mitarbeiter eine eigene Zeile anzulegen. Ganz oben tragen Sie die Wochentage ein. Nun haben Sie ein Task-Board, auf dem Sie für jeden Mitarbeiter die täglichen Aufgaben eintragen können.

Durch die Aufteilung der Aufgaben auf Wochentage können Sie auf den ersten Blick erkennen, von welchem Mitarbeiter die jeweilige Tätigkeit erledigt werden soll. Nachteilig ist hierbei, dass der Status der einzelnen Aufgaben nicht direkt eingesehen werden kann.

Bei Ihrem Projekt müssen Sie evaluieren, welche dieser Task-Board-Variante sich für Ihr Vorhaben am besten eignet. Fest steht aber – das Arbeiten mit Task-Boards kann den Projektalltag erheblich angenehmer gestalten. Abgesehen von der gesteigerten Klarheit, die ein solches Board bietet, wird der Projektfortschritt nämlich in Echtzeit visualisiert. Auf diese Weise scheint Ihr Projekt immer in Bewegung zu sein, was zu einem positiveren Arbeitsklima und gesteigerter Motivation beitragen kann.

Das perfekte Meeting

Ein weiterer Bestandteil einer Projekt-Kultur sind Meetings. Sie sind in der heutigen Arbeitswelt eher negativ konnotiert. Oft werden Sie als überflüssig, unproduktiv und bremsend wahrgenommen. Das liegt allerdings in den allermeisten Fällen nicht an Meetings an sich, sondern daran, wie diese umgesetzt werden.

„Schatz, wann kommst du heute nach Hause?" – „Leider erst spät, ich habe noch ein Meeting." Diese Worte sind in vielen deutschen Haushalten keine Seltenheit.

Je enger die Mitarbeiter Ihres Projektes zusammenarbeiten, umso größer ist der Abstimmungsbedarf. Wenn Sie es richtig anstellen, können Ihre Team-Zusammenkünfte produktiv und alles andere als langweilig sein. Und sie müssen auch nicht lange dauern.

Sei es ein Routine-Treffen mit dem Team, die Beratung über einen plötzlichen Zwischenfall im Projekt, ein Treffen zur Ermittlung der Fortschrittsgrade oder eine Zusammenkunft zur Abschlusspräsentation – irgendwann kommt sicher der Moment, in dem Sie Ihr Team zusammenrufen müssen.

Meetings sind ein unverzichtbarer Bestandteil Ihres Projektes.

Ich persönlich vertrete die Meinung: Lieber zu oft, als zu selten. Gemeinsame Treffen erfüllen weitaus mehr Zwecke als das Besprechen von Sachfragen.

Meetings sorgen für Klarheit – natürlich kann man Sachverhalte auch telefonisch oder per E-Mail klären. Aber wenn man sich ge-

genübersitzt, können diese so unmittelbar besprochen werden. Auch für ein direktes Feedback ist ein Meeting ideal.

Meetings steigern außerdem das Teamgefühl. Anonyme Zusammenarbeit, bei der man Ergebnisse lediglich hin- und her verschickt, lassen die Motivation und Leitungsbereitschaft Ihres Teams sinken.

Versuchen Sie doch einmal, sofern alle Mitarbeiter im gleichen Gebäude arbeiten, eine tägliche oder zumindest wöchentliche Morgenrunde abzuhalten. Eine solche Regelmäßigkeit bietet einen unschlagbaren Vorteil. Nehmen wir an, Sie würden Meetings nur unregelmäßig stattfinden lassen – nach jedem Treffen müsste man wieder erneut und mühsam versuchen, einen Termin zu finden, der möglichst für alle Beteiligten passt. Das kostet sehr viel Zeit.

Nehmen wir jetzt einmal an, Sie würden zu Beginn des Projektes direkt ein Meeting veranstalten und an dessen Ende einen Rhythmus vereinbaren, in dem es wiederholt wird (zum Beispiel jeden Mittwoch). Dann ist die Wahrscheinlichkeit hoch, dass sich Ihre Mitarbeiter direkt zu Beginn des Projektes auf diesen Zyklus einstellen.

Aber wie organisieren Sie ein Meeting überhaupt so, damit es auch effektiv ist?

Wichtig ist, dass das Treffen mit der Belegschaft eine feste Agenda hat. Dies ist essenziell, denn ohne einen klaren Plan besteht die Gefahr, dass sich das Meeting zu einem „Kaffeekränz chen“ entwickelt. Man verliert sich in Nebensächlichkeiten, das wirklich Wichtige bleibt außen vor. Fertigen Sie daher vor jedem Meeting eine Liste mit den abzuarbeitenden Tagesordnungspunkten an. Machen Sie diese nach Möglichkeit auch den anderen Mitarbeitern zugänglich und animieren Sie diese dazu, selbst Punkte zur Agenda hinzuzufügen. Das erhöht die Transparenz und steigert die Partizipation der Teammitglieder, was sich äußerst positiv auf das Gruppengefühl auswirken kann. Weichen Sie während des Meetings unter keinen Umständen von der Agenda ab. Das gewährleistet, dass Sie wichtige Dinge im Auge behalten und bringt Struktur in das Treffen.

Wenn die Zeit nicht ausreicht und noch andere wichtige Tagesordnungspunkte abzuarbeiten sind, dann ziehen Sie die wichtigsten Punkte gegebenenfalls vor.

Für das Meeting sollten Sie außerdem zwei „Rollen“ verteilen – die des **Moderators** und die des **Protokollanten**.

Der **Moderator:** ist dafür zuständig, durch die Agenda des Meetings zu führen und auf die Einhaltung von Gesprächsregeln zu achten. Er greift ein, wenn es zu laut wird oder es zu ausschweifenden Diskussionen im Team kommt.

Der **Protokollant:** ist für die Dokumentation des Meetings verantwortlich. Ein vollständiges Protokoll ist sehr wichtig. Existiert dies nicht, wird womöglich zwei Wochen nach dem Meeting heftig darüber diskutiert, welche Beschlüsse es eigentlich gab. Es entbrennen Dispute über die Auslegung einer Entscheidung, die im Meeting getroffen wurde. Daher ist es von äußerster Wichtigkeit, über ein Dokument zu verfügen, welches stichhaltig ist und Klarheit schafft.

Das Protokollieren gehört erfahrungsgemäß eher zu den unbeliebten Tätigkeiten, vielleicht finden Sie trotzdem jemanden, der es freiwillig übernimmt. Ein kleiner Trick vermeidet lange Diskussionen darüber, wer das Meeting protokolliert: Lassen Sie das Amt des Protokollanten einfach rotieren. Arbeiten Sie eine Liste mit Ihren Mitarbeitern ab, so muss jeder einmal protokollieren. Niemand kann sich mehr davor drücken und Ablehnung wird vermieden.

Achten Sie stets darauf, dass Sie ein beschlussorientiertes Meeting führen. Am Ende soll eine Entscheidung stehen, mit der ein bestimmtes Problem gelöst wird. Die Ausnahme wäre ein Meeting zur reinen Fortschrittsgrad-Ermittlung.

Trotzdem muss das Meeting immer dokumentiert werden.

Ausnahme der „Beschluss-Pflicht" bei Meetings sind Tagesordnungspunkte, die der Überprüfung von Fortschrittsgraden dienen und solche, bei denen Ergebnispräsentationen zu abgeschlossenen Arbeitspaketen anstehen. Davon abgesehen sollten Sie aber immer nach der Devise „Ohne Beschluss kein Tagesordnungspunkt" arbeiten.

Für die Erstellung eines solchen Protokolls gibt es mehrere Möglichkeiten. Da wäre auf der einen Seite das sogenannte **klassische Protokoll**, bei dem sämtliche Inhalte des Meetings schriftlich festgehalten werden, meist in Form eines Fließtextes. Der

Vorteil dieser Methode ist der hohe Grad an Vollständigkeit – nachteilig ist jedoch der hohe Aufwand, der damit verbunden ist und eine gewisse Unübersichtlichkeit. Wer später Informationen aus dem Protokoll beziehen möchte, wird sich erst einmal einlesen müssen.

Eine andere Methode der Protokollierung eines beschlussorientierten Meetings kann die sogenannte **Offene-Punkte-Liste** sein. Hierfür fertigen Sie eine Tabelle mit fünf Spalten an. In der ersten Spalte wird der Beschluss und die damit verbundene Aufgabe niedergeschrieben (Beispiel: „Die Kaffeemaschine ist defekt. Mit sieben Stimmen dafür und einer Enthaltung wird für die Anschaffung einer neuen Kaffeemaschine gestimmt"). In der zweiten Spalte wird ein Zieldatum vermerkt, in der dritten Spalte die zuständigen Mitarbeiter. In der letzten Spalte steht entweder ein „A" für ausstehend oder nach Beendigung der Aufgabe ein „E" für erledigt. Bei jedem neuen Meeting sollte überprüft werden, ob die Aufgaben aus dem vorherigen Protokoll auch umgesetzt wurden.

Nachdem die Agenda abgearbeitet wurde ist es ratsam, dass der Protokollant die Verschriftlichung vorliest. Somit können sofortige Bedenken von Seiten der Meeting-Teilnehmer aus dem Weg geräumt oder zumindest besprochen werden. Wenn es keine Einwände gibt, ist das Protokoll damit genehmigt.

Hier folgen noch ein paar Faustregeln für Ihre zukünftigen Meetings: Sorgen Sie immer für genügend Getränke und für kleine Snacks. Außerdem ist ein Flipchart sinnvoll. Dieses kann dem Moderator nützlich sein, wenn er beispielsweise die Agenda vorstellt.

Sie tun Ihren Mitarbeitern einen großen Gefallen, wenn Sie diesen nach dem Meeting das Protokoll schriftlich oder in digitaler Fassung zukommen lassen. Damit erhöhen Sie die Transparenz.

Bei zwischenmenschlichen Zusammenkünften wie Meetings etc. lernt man auch immer ein Stück weit die persönliche Seite der Kollegen kennen. Gibt es dabei Grenzen? Wenn ja – wo liegen diese? Meine ganz persönliche Meinung dazu lesen Sie im nächsten Kapitel.

Projektleiter – Freund oder Vorgesetzter?

Für viele ist diese Vorstellung ein Traum: der Projektleiter, der gleichzeitig Chef und Freund ist, mit dem man nach dem Arbeitstag noch etwas essen geht und von dem man auch einmal eingeladen wird. Für andere wiederum ist es ein Albtraum oder zumindest ein bisschen befremdlich – aus gutem Grund.

Ein freundliches Verhältnis zwischen den Mitarbeitern eines Betriebes kann das Klima im Unternehmen nachhaltig verbessern. Das haben zahlreiche Studien im Bereich der Projektmanagement-Forschung unter Beweis gestellt.

Gleichzeitig wäre eine Führungskraft aber ohne eine gewisse Führungsstrenge und Autorität machtlos.

- **Wie weit darf Gemeinschaft in einem Unternehmen gehen?**
- **Wieviel Machtdemonstration muss sein?**
- **Was darf Freundschaft im Betrieb und was geht zu weit?**

Erfahrungsgemäß kann ein zu freundschaftliches Verhältnis dem Projekt schaden. So sympathisch Sie einige Personen finden mögen – versuchen Sie, alle Ihre Mitarbeiter mit einem gesunden Maß an Neutralität zu behandeln.

Andere Mitarbeiter könnten sonst auf die Idee kommen, Sie würden einen Kollegen bevorzugen. Das kann Ihrer Autorität als Team-Vorsitz schaden und gleichermaßen unkollegiales Verhalten innerhalb des Teams oder sogar Missgunst zwischen den Mitarbeitern schüren. Dies wäre eine immense Bedrohung für das Projekt.

In der Realität haben wir fast immer heimliche personelle Vorlieben, d. h. Mitarbeiter, die wir sympathischer finden als andere. Darum empfiehlt es sich, von vornherein eine gewisse professionelle Neutralität aufzubauen.

Ein anderes Beispiel, welches zeigt, dass Freundschaft zwischen Projektleiter und Mitarbeiter hinderlich sein kann:

Sie gehen nach einem langen Arbeitstag mit einem unterstellten Kollegen ein Bier trinken. Sie und Ihr Kollege verstehen sich auf persönlicher Ebene sehr gut. Am nächsten Tag unterbreitet dieser Kollege einen Vorschlag, der bei Ihnen und dem Rest der Belegschaft eher auf Ablehnung stößt. Als Chef sagen Sie ihm ehrlich Ihre Meinung. Hier besteht die Gefahr, dass Ihnen dieser Kollege das auf persönlicher Ebene übelnimmt, weil Sie am Abend zuvor ganz anders miteinander kommuniziert haben. Einige Menschen können Privates und Berufliches nicht voneinander trennen. Womöglich führt der vermeintliche „Angriff“ auf ihn, der ja in Wirklichkeit nur Kritik an seinem Vorschlag auf beruflicher Ebene ist, zu Resignation und zu weniger Engagement in der Realisierungsphase Ihres Projektes. Auch hier ist zu viel Freundschaft ungünstig.

Es steht mir nicht zu, Ihnen einen freundschaftlichen Kontakt zu Ihren Mitarbeitern zu verbieten oder davon abzuraten. Vielleicht pflegen auch Sie eine freundschaftliche Beziehung zu Ihren Mitarbeitern und arbeiten trotzdem erfolgreich an Projekten. Trotzdem möchte ich Sie hiermit auf die Gefahren hinweisen, die damit einhergehen können. **Seien Sie sich dem Risiko bewusst, das bei innerbetrieblichen Freundschaften besteht.**

Genau wie berufliche Freundschaften können auch belastende Arbeitsphasen während der Projekterarbeitung dazu führen, dass Konflikte entstehen. Wie Sie Ihr Projekt wirksam durch kritische Phasen führen, behandeln wir im nächsten Kapitel.

Ausgleich und Motivation in kritischen Phasen

Wenn Ihre Mitarbeiter durch eine besonders strapaziöse, knifflige Arbeitsphase im Projekt so sehr gestresst sind, dass die Motivation der Resignation weicht, können kleine Gegenmaßnahmen das sprichwörtliche „Projekt-Schiff wieder auf Kurs bringen“.

Damit solche überfordernden Phasen gar nicht erst entstehen, gilt es, schon zu Beginn des Projektes ein realistisches Ziel zu vereinbaren – **zeitlich**, **ressourcentechnisch** und **personell** angemessen. Denn wenn ein Projekt mit einem viel zu knapp bemessenen Zeitplan startet, ist Stress bereits vorprogrammiert. Oft gehen die Vorstellungen des Auftraggebers und die des Teams grundlegend auseinander. Der Abnehmer möchte, dass das Projekt so schnell wie möglich abgeschlossen wird, dem Team hingegen liegt nicht so viel daran, „gehetzt“ zu werden. Genau das kann aber passieren, wenn die Zeit zu knapp bemessen ist. Darum ist es sehr wichtig, dass man gegenüber dem Auftraggeber stets auf einen realistischen Rahmen besteht.

Achten Sie bei der Zuweisung von Arbeitspaketen auch immer darauf, den Mitarbeitern nach Möglichkeit passende Aufgaben zu erteilen. Verrichtet man nämlich eine Arbeit, die einem liegt, ist sie oft schnell und leicht durchführbar und macht dazu auch noch Spaß.

Blicken Sie auf vergangene Projekte zurück. Wo haben sich Mitarbeiter richtig entfaltet und in welchen Bereichen eher nicht? Anhand dieser Erkenntnisse können Sie auch Vorkehrungen für Ihre kommenden Projekte treffen.

Hilft das alles nichts und Sie befinden sich gerade in einer äußerst angespannten Situation, dann sollten Sie Ihren Mitarbeitern wieder das Ziel vor Augen führen, auf das alle gemeinsam hinarbeiten. Kommunizieren Sie auch den Nutzen, den das Projekt hat – sei es, dass Ihre Abteilung im Nachhinein ein höheres Prestige genießt oder – das kommt besonders bei unternehmensinternen Projekten vor – dass auf die Mitarbeiter selbst mehr Komfort wartet, weil das Projekt etwas innerhalb der Unternehmensabläufe vereinfacht.

Heben Sie also hervor, dass es ein attraktives Ziel gibt. Kitzeln Sie die Leidenschaft aus Ihren Mitarbeitern heraus!

In solch fordernden Situationen ist es ebenso wichtig, die Leistungen der Mitarbeiter anzuerkennen. Loben Sie das Team für gute Leistungen und erweisen Sie Ihren Mitarbeitern kleine Gefälligkeiten (zum Beispiel mit einem wöchentlichen Kuchen etc.). Dadurch fühlen sich diese in ihrer Arbeit bestätigt, was wiederum zu frischer Schaffenskraft führen kann.

Versuchen Sie außerdem, Ihr Projekt klar und eindeutig zu managen. Sich widersprechende Aufträge, eine nur vage Planung oder intransparente Entscheidungsfindungen sind ein sicherer Weg, um Ihre Belegschaft zu demotivieren.

Darum sorgen Sie für Klarheit, weihen Sie die Mitarbeiter in Änderungen und neue Entwicklungen ein, die das Projekt betreffen. Erteilen Sie keine vorschnellen Aufträge, die dann womöglich später wieder revidiert werden müssen, wenn die Erarbeitung schon angelaufen ist. Bleiben Sie bei Ihrem Standpunkt, das gibt Sicherheit und verhindert mühevolle Umplanung.

Achten Sie in solchen stressigen Phasen auch auf sich selbst.

Oft spiegelt das Verhalten des Teams das Verhalten des Projektmanagers wider. Vielleicht strahlen Sie Unsicherheit oder Stress aus. Dies überträgt sich auf die Mannschaft – obwohl eigentlich alles in Ordnung ist.

Außerdem können Sie versuchen, einen Ausgleich für den nervlich belastenden Arbeitsalltag zu schaffen, zum Beispiel, indem Sie den Aufbau eines Freizeitraums mit Sitzsäcken oder einem Tischkicker anstoßen. Ganz nebenbei wirkt sich ein solcher Raum auch noch positiv auf das Gemeinschaftsgefühl im Team aus.

Ein weiterer sinnvoller Weg, um Ihre Mitarbeiter auch in angespannten Situationen zu motivieren, ist ehrliches Interesse an diesen als Menschen. Sie sollen keine besten Freunde werden, aber eine gewisse Grundsympathie kann helfen, Ihre Mitarbeiter zu motivieren. Dazu gehört auch, sich in gewissen Situationen Rat von der Belegschaft einzuholen, wenn Sie ihn brauchen. Dadurch machen Sie sich nahbar und zugänglich.

Des Weiteren sollten Sie analysieren, was mit Ihnen geschieht, wenn Sie Rückmeldungen und Kritik von Ihren Mitarbeitern erhalten. Können Sie dankbar dafür sein und das Feedback wertschätzen? Oder sind Sie danach sprachlos und verblüfft? Wenn die Mitarbeiter nämlich das Gefühl haben, dass Kritik angenommen wird führt das zu mehr Vertrauen und zu einem besseren Arbeitsklima.

Genauere Ausführungen zum Thema Feedback sowie wertvolle Feedback-Strategien finden Sie im Kapitel „Feedback-Kultur“.

Die Bedürfnispyramide

Vielleicht erinnern Sie sich noch an den Schulunterricht. Womöglich haben Sie dort schon einmal die „Bedürfnispyramide nach Abraham Maslow“ durchgenommen. Im Projektmanagement ist sie aktueller denn je. Fast alle Konflikte – seien es zwischenmenschliche Konflikte oder einfach nur Ermüdungserscheinungen, die auf einen anstrengenden Arbeitsalltag zurückzuführen sind – lassen sich mit dieser Pyramide erklären.

Wir werden die Bedürfnispyramide jetzt gemeinsam visualisieren.

Nehmen Sie sich einen Stift und ein Blatt Papier zur Hand. Zeichnen Sie zuerst ein Dreieck mit vier waagerechten Linien, sodass fünf Kammern innerhalb der Pyramide entstehen.

Benennen Sie die Kammern von unten nach oben: „Körperliche Bedürfnisse“ (ganz unten) - „Sicherheit“ - „Zugehörigkeit“ - „Achtung“ und „Selbstentfaltung“ (ganz oben).

Nun haben Sie eine Pyramide, in denen diese fünf Begriffe untereinander angeordnet sind. Es fällt sofort auf: Die Kammern, in denen die Begriffe stehen, sind unterschiedlich groß. Die Bestandteile der Pyramide befinden sich in einer Hierarchie. Nur, wenn die jeweils untere Vorgabe erfüllt ist, wird der nächste Bestandteil relevant.

Ganz unten in der größten Kammer sind „Körperliche Bedürfnisse".

Diese stellen innerhalb der Projektarbeit die elementarsten aller Bedürfnisse dar. Damit sind **menschliche Grundbedürfnisse** wie ausreichend Schlaf, Ernährung und allgemeine Gesundheit gemeint. Niemand in Ihrer Mannschaft kann ohne diese Grundbedürfnisse auskommen und erst recht nicht am Projekt arbeiten.

Sind die Grundbedürfnisse erfüllt, wird „Sicherheit" im Beruf immer wichtiger.

Ein sicherer Arbeitsplatz gehört dazu. Daraus ergibt sich bereits eine wichtige Erkenntnis für Ihr nächstes Projekt. Sobald ein wichtiges Projekt in Arbeit ist, sollten Sie sich darum bemühen, personelle Fragen (Versetzungspläne des Chefs, Vertragliches etc.) von der Mannschaft abzuschirmen. Dies könnte eine immense zusätzliche Belastung darstellen, die Sie Ihren Mitarbeitern während eines Projektes nicht zumuten sollten.

Sind die beruflichen Sicherheitsbedürfnisse erfüllt, besteht der Drang nach sozialer Bindung und „Zugehörigkeit".

In Ihrem Projekt können Sie diese zum Beispiel erreichen, indem Sie ein positives Arbeitsklima fördern, auf eine richtige Teamzusammenstellung achten und Konflikte erfolgreich lösen.

Nach den sozialen Bedürfnissen folgen individuelle Bedürfnisse wie „Achtung, Erfolg und Wertschätzung".

Gerade deswegen sollten Sie auch mit den bereits vorgestellten Abschluss-Präsentationen arbeiten. Sind diese Bedürfnisse erfüllt, haben Sie bereits viel erreicht.

Die letzte Stufe der Bedürfnispyramide ist die „Selbstverwirklichung".

Die Weiterentwicklung der Persönlichkeit und der Fähigkeiten stehen hier im Vordergrund. Während des Projektes können Sie den Mitarbeitern bei der Selbstverwirklichung helfen, indem Sie mittels kluger Teamzusammenstellung dafür sorgen, dass nach Möglichkeit alle den Tätigkeiten nachgehen, für die sie geeignet sind und die sie erfüllen.

Nehmen Sie wahr, dass die Leistung Ihres Teams nachlässt oder dass sich ein Konflikt anbahnt, hängt das mit sehr hoher Wahrscheinlichkeit damit zusammen, dass eines oder mehrere Bedürfnisse nicht befriedigt sind.

Haben Sie deshalb die Bedürfnispyramide immer im Hinterkopf, wenn es um Ihre Belegschaft geht. Hat sich zum Beispiel gezeigt, dass ein Mitarbeiter auf einem bestimmten Gebiet öfter unzufrieden ist, sollten Sie ihn nach seinen persönlichen Wünschen fragen und ihn im nächsten Projekt eine andere Aktivität zuweisen.

Stellen Sie fest, dass es Streitigkeiten zwischen Mitarbeitern gibt, sind die sozialen und die individuellen Bedürfnisse womöglich nicht befriedigt. Auch hier sollten Sie dann entsprechend gegensteuern.

Konflikte richtig managen

Eine österreichische Studie hat nachgewiesen, dass Streitigkeiten am Arbeitsplatz alltäglich sind und die Produktivität unter Konflikten im Team erheblich mehr leidet, als man je zuvor gedacht hatte.

Durch Konflikte gerät die Integrität der Bedürfnispyramide ins Wanken. Immer dann, wenn Menschen zusammenarbeiten, bleiben kleinere und größere Konflikte nicht aus. Das ist ganz natürlich, denn jeder der Mitarbeiter in einem Projekt ist anders. Zwangsläufig treffen verschiedene Wahrnehmungen, Handlungsmuster und Meinungen aufeinander. Dadurch kann es zu Reibungen kommen, die die Verwirklichung des Projektes im schlimmsten Fall stark behindern können. Es kommt nicht selten vor, dass ungelöste Konflikte im Team ein Projekt ganz zum Scheitern bringen. Aus diesem Grund ist es wichtig, Beziehungskonflikte innerhalb Ihres Projektes schnell zu erkennen und Gegenmaßnahmen einzuleiten.

Diesbezüglich möchte ich Ihnen einige wertvolle Strategien vorstellen:

Um Konflikte zwischen mehreren Parteien innerhalb des Projektes von vornherein zu verhindern, können Sie auf vergangene Projekte zurückblicken. Lernen Sie aus der Vergangenheit. Versuchen

Sie sich zu erinnern. Gab es bereits Streitigkeiten zwischen bestimmten Personen in einem abgeschlossenen Projekt? Versuchen Sie, eine Personenkonstellation Ihrer Belegschaft anzulegen, in der Sie die Beziehungen zwischen den einzelnen Mitarbeitern visualisieren.

Können Sie die Frage anschließend mit „Ja“ beantworten, gilt es, Vorkehrungen zu treffen. Lassen Sie die betroffenen Mitarbeiter nach Möglichkeit an anderen Orten arbeiten und weisen Sie ihnen Aufgaben zu, die möglichst wenige inhaltliche Überschneidungen haben. Damit verhindern Sie, dass vergangene Auseinandersetzungen nicht wieder aufflammen.

Wenn das Projekt bereits läuft, müssen Sie darauf achten, ob es Anzeichen für aufkommende Konflikte gibt. Je früher Sie einen Konflikt erkennen, desto größer ist die Wahrscheinlichkeit, dass die Streitigkeiten noch einvernehmlich beigelegt werden können. Achten Sie darauf, ob die Stimmung im Team positiv oder tendenziell negativ ist. Wenn Letzteres zutrifft, ist die Wahrscheinlichkeit hoch, dass etwas nicht stimmt.

Ein weiteres Anzeichen, dass es einen persönlichen Konflikt zwischen zwei oder mehreren Akteuren innerhalb Ihres Teams gibt, sind außergewöhnlich emotionale Diskussionen. Bemerken Sie Mitarbeiter, die – egal ob innerhalb oder außerhalb eines Meetings – energisch oder gar forsch miteinander diskutieren und keine Lösung finden, sollten Sie gewarnt sein und Maßnahmen ergreifen.

Wenn regelmäßig Zweifel geäußert werden, beispielsweise über die Sinnhaftigkeit eines Arbeitspaketes, die Realisierbarkeit des

Projektes oder die Zeitplanung, ist dies ein klares Zeichen, dass in Ihrem Team die Vorstellungen bezüglich des Projektes grundlegend auseinander liegen könnten. Werden etwa bei einem Meeting von einer Person wiederholt Beiträge eines anderen Team-Mitgliedes abgelehnt oder zurückgewiesen, ist dies ebenfalls ein starkes Indiz dafür, dass es zwischen diesen Mitarbeitern Spannungen gibt.

Wie reagiert man nun darauf? Einfach so zu tun, als wäre nichts, ist in solchen Fällen die falsche Methode. Konflikte lösen sich nicht in Luft auf, wenn man einfach wegschaut. Im Gegenteil – meist eskalieren Auseinandersetzungen dann noch weiter. Im schlimmsten Fall sind die Fronten irgendwann so verhärtet, dass eine gemeinsame Lösung nicht mehr gefunden werden kann.

Wenn nichts gegen einen aufflammenden Beziehungskonflikt unternommen wird, ist die Gefahr hoch, dass andere Mitarbeiter mit hineingezogen werden und sich der Streit auf das gesamte Team ausweitet. Daraus resultiert nicht selten eine vollständige Arbeitsunfähigkeit.

In diesem Fall ist ein klärendes Gespräch angebracht, in dem die verschiedenen Parteien zu Wort kommen können. Hierbei gilt der Grundsatz **"Lieber zu oft als zu selten"**. Das bedeutet nicht, dass Sie täglich ein Konfliktgespräch durchführen sollen, aber wenn Sie einen Konflikt bemerken, und sei dies vorerst nur ein Verdacht, können Sie die entsprechenden Mitarbeiter zu einem Gespräch einberufen.

Eine solche Aussprache können Sie ganz unverfänglich beginnen. Sagen Sie zum Beispiel: "Ich habe den Eindruck, dass es zwischen Ihnen in der Vergangenheit zu Spannungen gekommen ist ...” Benennen Sie konkret, in welchen Situationen Sie den mutmaßlichen Konflikt beobachtet haben. Vielleicht klärt sich dann alles und Sie haben die Situation fälschlicherweise als angespannt beobachtet. Oder die Mitarbeiter stellen tatsächlich dar, dass ein Konflikt vorherrscht. Achten Sie dabei in jedem Fall darauf, dass die Aussprache nicht emotional wird oder gar auf der Ebene persönlicher Angriffe stattfindet. Beobachten Sie das Letztere, sollten Sie den Mitarbeiter definitiv dafür rügen.

In dem Gespräch soll es auf keinen Fall darum gehen, weiter zu diskutieren. Es ist, wie gesagt, eine Aussprache. Jeder stellt die Gründe für den Konflikt und seine Sicht der Dinge sachlich dar. Es geht darum, herauszuarbeiten, wo genau die Unstimmigkeiten oder Meinungsverschiedenheiten liegen. Möglicherweise können Sie schon dort eine Annäherung der Konfliktparteien feststellen – es kann gut sein, dass sich nach der Aussprache ein gegenseitiges Verständnis einstellt. Ist dies nicht der Fall, sollten Sie eingreifen und beide Parteien nach einem sachlichen Vorschlag fragen, inwiefern man den Konflikt für beide Seiten zufriedenstellend lösen kann. Das provoziert ein lösungsorientierteres Denken bei den Streitparteien.

Am Ende ist es wichtig, nicht über die Köpfe der zwei Seiten hinweg zu entscheiden. Es muss eine Lösung für den Konflikt gefunden werden, die beide Seiten annehmen können. Im besten Fall ist der Konflikt durch gegenseitiges Verständnis beendet – im zweitbesten Fall besteht die Spannung weiterhin. Oft üben sich die Mitarbeiter danach aber zumindest in Zurückhaltung. Vielen ist es unangenehm, wenn extra für sie ein Konfliktgespräch stattfinden muss. Sie können die Mitarbeiter auch gerne mit Nachdruck darauf hinweisen, dass die Streitigkeiten das Projekt behindern. Oft wird dadurch ein Bewusstsein geschaffen, wodurch der Konflikt etwas entschärft wird.

Wichtig ist, dass Sie als Moderator nur eine vermittelnde Rolle einnehmen und keinesfalls mitdiskutieren, denn im schlimmsten Fall wirft Ihnen eine Konfliktpartei vor, sich auf eine Seite geschlagen zu haben und nicht neutral geblieben zu sein.

Achten Sie bei Ihrem nächsten Projekt verstärkt auf drohende Beziehungskonflikte. Befürchten Sie nicht das Schlimmste und sehen Sie nicht überall eine Katastrophe, wo vielleicht nur freundschaftlich geneckt wurde. Aber behalten Sie ein offenes Auge. Wenn Sie kontinuierlich Spannungen wahrnehmen, führen Sie ein Konfliktgespräch durch! So unangenehm das auch sein mag – am Ende kann das Team daraus gestärkter hervorgehen.

Beziehungskonflikte sind aber nicht die einzige Art von Zerwürfnissen, die Ihnen in der Projektarbeit begegnen können. Wenn es einen sachlichen Konflikt, d. h. einen nicht persönlichen Konflikt gibt, der konkret die Umsetzung und Gestaltung des Projektes betrifft, sollten Sie das nicht in einem abgeschirmten Konfliktgespräch besprechen, sondern mit der gesamten Belegschaft, zum Beispiel während eines Meetings. Nun gilt es, Argumente der Parteien zu sammeln und am Ende abzuwägen, welche Seite argumentativ stärker ist bzw. welche Argumente sich für Sie schlüssiger anhören. Sie als Projektleiter entscheiden dann, wie es weitergeht.

Nicht hereinfallen sollten Sie dabei auf Scheinkonflikte. Was verbirgt sich dahinter?

Manche Menschen sind stur und wollen nicht akzeptieren, dass die Gegenseite einfach die besseren Argumente hat. Getreu dem Motto "Ich habe immer recht" geben sich diese Mitarbeiter nie mit einer Lösung zufrieden, die nicht der eigenen Vorstellung entspricht. Scheinkonflikte sind wie Eisberge – nur die Spitze ist sichtbar, der wahre Grund des Streits wird durch die Verlagerung des Konfliktes in einen anderen Bereich kaschiert. Bei näherer Betrachtung erweisen sich Scheinkonflikte jedoch als irrelevant.

Wenden Sie die vorgestellten Strategien bei künftigen Konflikten auf jeden Fall an – ein erfolgreiches Konfliktmanagement ist ein maßgeblicher Erfolgsgarant für Ihre Projektarbeit.

Projektübergreifendes Ressourcenmanagement

Da Sie dieses Buch erworben haben, liegt die Vermutung nahe, dass Sie in Ihrem Unternehmen voraussichtlich öfter ein Projekt anstoßen werden und Projektarbeit häufiger stattfindet.

Sofern regelmäßig mehrere Projekte gleichzeitig stattfinden, ist es von äußerster Wichtigkeit, die zur Verfügung stehenden Ressourcen richtig zu managen. Wenn täglich Aufträge revidiert und neue Aufträge erteilt werden, aber trotzdem keine Verlängerung der Erarbeitungszeit gewährt wird, ist das sehr riskant. Mit mehreren Projekten gleichzeitig steigt das Risiko für Zwischenfälle und die Konkurrenz um Ressourcen zwischen verschiedenen Projekten.

Wenn Sie also mit mehreren Projekten konfrontiert sind, die gleichzeitig stattfinden, ist ein konsequentes Ressourcenmanagement von unschätzbarem Wert, um Zwischenfälle zu vermeiden. Zuerst sollten Sie sich ernsthafte Gedanken darüber machen, wie viele und welche Mitarbeiter Sie für das neue Projekt benötigen, denn manchmal werden ganz spezielle Arbeitskräfte benötigt, weil diese auf einem bestimmten Gebiet die Experten sind.

Arbeiten Sie deshalb am besten einen genauen Plan aus, wie viele und welche Personen Sie für wie lang benötigen. Dabei ist es wie immer extrem wichtig, dass die Projektleiter im Unternehmen auf eine realistische Planung achten.

Oft erhofft man sich von vermeintlich niedrigeren Ressourcen-Anforderungen eine schnellere Zustimmung oder ein besseres Ansehen. Solche Gedanken sollten ganz schnell aus den Köpfen verbannt werden, denn sie sabotieren eine erfolgreiche Planung.

Prüfen Sie anschließend, ob die entsprechenden Mitarbeiter zur Zeit Ihres Projektes überhaupt verfügbar oder — durch Abwesenheit oder Arbeit an einem anderen Projekt — verhindert sind. Sollte Letzteres der Fall sein, muss für diese Kräfte passender Ersatz gefunden werden oder - je nach Priorität - andere Projekte oder Ihr neu geplantes Projekt vorerst verschoben werden.

Entscheidend ist, dass nicht nur für das eine Projekt in Abhängigkeit zu allen anderen Projekten geplant wird, sondern dass dieser Schritt für jedes neue Projekt im Unternehmen durchlaufen wird. Nur so kann nachvollzogen werden, für welche Projekte die Mitarbeiter eingeplant werden und ob es eventuell Überschneidungen gibt. Als Ausgangspunkt für diese Beurteilung eignen sich die entsprechenden Projekt-Steckbriefe ideal, weil diese unmittelbar nach der Grobplanung fertiggestellt werden und hier die geplante Belegschaft eingetragen wird.

Sie können einen solchen **Personalverfügbarkeitsplan** monatlich erstellen, aus dem die Auslastung der einzelnen Mitarbeiter hervorgeht. Eine passende Maßeinheit wäre die Anzahl an voraussichtlichen Arbeitsstunden je Arbeitskraft. Dieser Plan muss dann bei jedem neuen Projekt berücksichtigt werden. Entscheidend ist, dass die eigenen Vorstellungen für ein Projekt der realen Verfügbarkeit von Mitarbeitern angepasst werden.

Wenn Sie dann ein Projekt umsetzen wollen und mit Ihrem Team zusammenarbeiten, sollte das Projektmanagement überprüfen, inwieweit die zuvor berechneten Arbeitsstunden tatsächlich der Realität entsprechen. Gegebenenfalls müssen Anpassungen vorgenommen werden. So entwickelt sich über die Zeit ein immer genaueres Ressourcenmanagement, mit dem sich die Einplanung beziehungsweise Verfügbarkeit der Mitarbeiter immer besser einschätzen lässt.

Die Einspannung von Mitarbeitern in Projekte kann auch zentral erfasst werden, indem der Projektleiter wöchentlich aktualisierte Pläne der Auslastung der Arbeitskräfte an eine Stelle sendet, an der diese Daten aufbereitet und anschließend zugänglich gemacht werden. Das hat den Vorteil, dass ein Projektleiter, der ein neues Projekt anstoßen will, stets mitverfolgen kann, wie viele Personen ihm zur Verfügung stehen. Die Herausgabe dieser Verfügbarkeitspläne kann auch ein Projektmanagement-Büro (siehe Kapitel zum PMO) übernehmen.

Um die Mitarbeiter projektübergreifend noch besser einsetzen zu können, sollten außerdem besondere Talente und Fähigkeiten sowie Schwächen in Erfahrung gebracht werden. Absolviert ein Mitarbeiter eine Weiterbildung, sollte das ebenfalls berücksichtigt werden. Dadurch ist es einfacher, einen geeigneten Ersatz im eigenen Unternehmen zu finden.

Denken Sie immer daran: Wenn von Ressourcenmanagement gesprochen wird, sind mit diesen Ressourcen immer Menschen gemeint. Und Menschen sind nun einmal keine Maschinen. Es kommt zu Krankheitsfällen, an einigen Tagen ist man konzentrierter als an anderen Tagen. Denken Sie daran, wenn Sie die Zeitplanung für ein Projekt aufstellen. Planen Sie deshalb tendenziell immer etwas mehr Zeit ein.

Wenn Sie für eine Aufgabe sechs Stunden ansetzen, bedeutet das im Endeffekt nicht, dass der Mitarbeiter auch tatsächlich in sechs Stunden fertig ist. Achten Sie darauf, dass die Daten nicht zu minutiös bzw. nicht peinlich genau erhoben werden und der Arbeitsalltag der Mannschaft durch die Einführung von Ressourcenmanagement nicht beeinträchtigt wird. Das führt oft zur Demotivation. Es gilt der Grundsatz:

Wenn Sie nicht 100% akkurat managen, aber dafür die Ressourcenanforderungen aller Projekte vollständig erfassen, ist das immer noch besser, als 100% genau zu managen.

Übertreiben Sie es demzufolge nicht. Steigen Sie langsam ein, regen Sie andere Projektleiter zum Mitmachen an und bauen Sie das Ressourcenmanagement nach und nach weiter aus. Ressourcenmanagement ist im heutigen Projektmanagement fast nicht mehr wegzudenken. Ganz besonders dann, wenn mehr als ein Projekt gleichzeitig stattfindet, lässt sich mit einer genauen Planung der benötigten Ressourcen und der Abstimmung mit anderen Projekten die Projektarbeit in ihrer Effizienz massiv steigern.

Verzichtet man allerdings auf Ressourcenmanagement, mündet das nicht selten in geringerer Auslastung und folglich weniger Wirtschaftlichkeit. Konkurrenz um Ressourcen zwischen zwei oder mehreren Projekten verbreitet sich, deswegen sind Sie auf der sicheren Seite, wenn der Prozess der Implementierung von Ressourcenmanagement auch an Ihrem Arbeitsplatz angestoßen wird.

Fällt bei mehreren Projekten auf, dass die verfügbaren Ressourcen nicht ausreichen, muss die Priorisierung der Projekte noch einmal überdacht werden und bestimmte Projekte mit niedriger Priorität müssen gegebenenfalls zurückgestellt werden.

Wenn Sie das Buch bis zu diesem Kapitel gelesen haben, dann haben Sie nun das nötige Wissen, um ein Projekt souverän und effizient zu realisieren. Die Abschlussphase des Projektes steht an. Mehr dazu, wenn Sie weiterlesen.

Nach dem Projekt ist vor dem Projekt

Feierlaune! Der Projektabschluss

Das Ende Ihres Projektes ist etwas ganz Besonderes und genauso sollten Sie den Projektabschluss auch behandeln. Es gibt einige verwaltungstechnische Schritte, die nach dem Abschluss eines Projektes unbedingt getätigt werden sollten.

Mit der Fertigstellung beginnt nun die Abschlussphase Ihres Projektes. Die Leistung oder das erarbeitete Produkt wird an den Abnehmer übergeben. In einer feierlichen Art und Weise wird dem Abnehmer die Leistung vorgestellt. Auf eine Abschlusspräsentation gegenüber dem Auftraggeber sollten Sie nicht verzichten. Das zeigt dem Abnehmer, dass sich die Wartezeit gelohnt hat und vermittelt ihm darüber hinaus den Eindruck, mit einer äußerst professionellen Firma zusammengearbeitet zu haben.

Auch Ihr Team wird sich über eine solche Präsentation freuen. Schließlich wird hier noch einmal gewürdigt, wofür die Mitarbeiter wochen-, monate- oder gar jahrelang gearbeitet haben.

Bei der Präsentation sollten Sie versuchen, besonders die Korrelation des Endergebnisses mit der ursprünglichen Zielsetzung hervorzuheben. Zeigen Sie, dass das Endprodukt genau den vom Abnehmer geforderten Anforderungen entspricht. Orientieren Sie sich hier an der SMART-Methode!

Ist diese Überprüfung abgeschlossen, können Sie das Projekt nun an den Abnehmer übergeben. Dieser kann die Leistung für eine von beiden Parteien gemeinsam vereinbarte Zeitspanne genau überprüfen und verifizieren, ob sie den Anforderungen entspricht.

Wichtig ist, dass Sie sich vom Auftraggeber im Anschluss eine sogenannte Abnahmebestätigung unterzeichnen lassen. Nach der Übergabe ist es nämlich die Pflicht des Auftraggebers, die Leistung sofort auf etwaige Mängel, Fehler oder Abweichungen von der ursprünglich vereinbarten Leistung zu untersuchen.

Dies lassen Sie sich mit Hilfe der Abnahmebestätigung quittieren. Das schafft Rechtssicherheit vor etwaigen Forderungen in der Zukunft, denn nur so können Sie belegen, dass es zum Zeitpunkt der Abnahme keine Mängel gab.

Lässt der Abnehmer diese Frist verstreichen, können Sie ihn noch einmal auf die Frist hinweisen. Darüber hinaus wäre es auch möglich, ein Schreiben nach folgendem Schema zu versenden.

Sehr geehrte Damen und Herren,

wir gehen davon aus, dass Sie während Ihrer Prüfung keine Mängel am Produkt feststellen konnten und Sie mit dem Produkt vollständig zufrieden sind.

Sollten Sie noch einen Grund zur Beanstandung haben, bitten wir um Nachricht bis zum ... (Datum).

Wir danken Ihnen vielmals für die gute Zusammenarbeit.

Mit herzlichen Grüßen

Projektleiter

Damit ersparen Sie sich störende E-Mails und Wartezeiten und können sich ganz auf neue Projekte im Unternehmen konzentrieren. Sie müssen dem Auftraggeber dann auch nicht mehr zur Verfügung stehen.

Des Weiteren sollten Sie unternehmensintern überprüfen, ob Sie alle Projektziele, die zu Beginn beschlossen wurden, erreicht haben. Dazu nehmen Sie sich noch einmal den Zielsatz zur Hand, den Sie am Anfang des Projektes mit Hilfe der SMART-Methode formuliert haben. Stellen Sie Fehler fest, können Sie den Auftraggeber auf diese Weise sofort darüber in Kenntnis setzen.

Sie sollten ebenso eine Projektreferenz vom Auftraggeber verlangen. In dieser wird die Leistung des Projektleiters sowie seines Teams aus der Sicht des Auftraggebers in einer Art Zeugnis festgehalten (zum Beispiel Beurteilung der Kommunikation, Einhaltung von Terminvorgaben, Bewertung des Endergebnisses etc.).

Dieses Schreiben hat neben seiner Funktion als Referenz bei Bewerbungen den Vorteil, dass der Projektleiter und das Team noch einmal genau sehen können, wie der Auftraggeber die verschiedenen Aspekte der Zusammenarbeit wahrgenommen hat.

Hat der Abnehmer das Projekt dann endgültig abgenommen, ist das ein guter Grund zum Feiern. Beim nächsten Meeting dürfen gerne Blumen, Kuchen und kleine Dankesreden dabei sein.

Letzteres sollten Sie als Projektleiter ganz besonders in Betracht ziehen. Die Wertschätzung der erbrachten Leistungen des Teams sollte keinesfalls vergessen werden. Wenn Sie die Hobbies Ihrer

Mannschaft kennen, können Sie den Mitarbeitern auch kleine persönliche Geschenke machen. Das könnte zum Beispiel eine Karte für ein Fußballspiel oder ein Gutschein für ein besonderes Café sein.

Rituale wie die Abschlusspräsentation und -feier sind auch deshalb so wichtig, weil sie dem Team Klarheit geben. Jeder weiß, dass das Projekt jetzt tatsächlich abgeschlossen ist.

Auch ein formaler und administrativer Projektabschluss sollte durchgeführt werden. Relevante Dokumente sollten sowohl auf Papier als auch elektronisch archiviert werden. Alte bzw. nicht relevante Projektdokumente sind zu vernichten.

Wenn Sie kein Risiko eingehen wollen, bewahren Sie für eine bestimmte Zeit alle Unterlagen auf. Das erleichtert Ihnen eventuell die erneute Einarbeitungsphase, wenn im Nachhinein noch Nachbesserungen vorgenommen werden müssen.

Nach dem Projektabschluss sollten Sie auf jeden Fall noch Erfahrungsberichte Ihres Teams einholen. Dies kann idealerweise in einer Feedbackrunde stattfinden.

Anregungen zum Thema Feedback erhalten Sie im nachfolgenden Kapitel.

Implementierung einer Feedback-Kultur

„Es gibt nur einen Weg, Fehler zu vermeiden. Keine Ideen mehr zu haben.“ (Albert Einstein)

Wer innovative Projekte anstößt, kommt nicht darum herum, dass im Verlauf der Projektarbeit Fehler passieren. Das muss man akzeptieren, denn Fehler sind menschlich. Wenn man aus diesen Fehlern jedoch keine Schlüsse zieht, verpasst man eine wertvolle Chance.

Wenn das Projekt abgeschlossen ist und der Abnehmer das Produkt oder die Dienstleistung entgegengenommen hat, ist das Projekt noch nicht beendet. Denn jetzt beginnt die Phase der Auswertung, die äußerst wichtig ist.

Sollte nach einem Projekt direkt so weiter gemacht werden wie bisher, laufen Sie Gefahr, die alten Fehler im neuen Projekt zu wiederholen. Darum sollten Sie genug Zeit und wirksame Methoden anwenden, um von Ihrem Team Feedback und Erfahrungsberichte einzuholen. Oft kommt es in Betrieben vor, dass man etwas am Projektmanagement zu bemängeln hat, es aber keine angemessene Plattform gibt, bei der man seine Kritik offen aussprechen kann beziehungsweise Gehör findet. Innerhalb von Arbeitgeber-Bewertungsportalen findet man dann oft negative Kritik.

Aus diesem Grund ist es so wichtig, dass der Mannschaft nach einer Projektarbeit Gehör geschenkt wird und Kritik auch in konkreten Änderungen am zukünftigen Projektablauf mündet. Eine solche Auswertung können Sie beispielsweise im Rahmen eines wöchentlichen Meetings vornehmen. Diese Feedback-Runde ist also noch nicht einmal besonders zeitaufwendig.

Die Herausforderung besteht darin, das gesamte Team zunächst in eine Atmosphäre zu versetzen, in der es sich wohlfühlt. Oft kommt es vor, dass Mitarbeiter Angst davor haben, etwas auszusprechen, weil sie am Ende mit Konsequenzen rechnen.

Um Vertrauen zu gewinnen und Distanziertheit zu überwinden können Sie auch selbst mit einem Feedback beginnen. Meistens fällt es den anderen danach leichter etwas beizutragen. Um ein solches Feedback-Meeting langfristig zu implementieren, sollten Sie dies nach jedem abgeschlossenen Projekt abhalten. Nur so wird es zur Gewohnheit und das Team weiß: Daran kommen wir nicht vorbei, auch wenn es unangenehm ist.

Ein häufiger Irrtum bei Feedback-Runden ist, dass nur negative Kritik geäußert werden darf. Das trifft jedoch nicht zu. Wenn etwas während der Umsetzung des Projektes besonders positiv war, sollte das unbedingt angesprochen werden. Denn so wissen Sie, welche positiven Aspekte es beizubehalten gilt. Führen Sie regelmäßig Feedback-Meetings durch, wird die Anzahl der vormals beanstandeten Aspekte immer weiter abnehmen und sich zu gegebener Zeit auch in positive Rückmeldungen verwandeln.

Wenn Sie das Gefühl haben, Ihr Team ist bereit dafür, können Sie diese zweiseitige Feedback-Methode — bei dem der Chef des Teams Rückmeldung gibt und umgekehrt — noch ausweiten.

Bei einem 360°-Feedback geben sich Mitarbeiter und Chef, aber auch die Belegschaft untereinander, gegenseitig Rückmeldung. Der Kunde beziehungsweise Abnehmer wird ebenso einbezogen. Der große Vorteil dieses allumfassenden Feedbacks ist, dass auch Dritte eingebunden werden und somit Rückschlüsse auf die Kundenfreundlichkeit des abgeschlossenen Projektes möglich sind.

Wenn Sie bereits eine etablierte Feedback-Kultur eingeführt haben, können Sie darüber nachdenken, standardisierte Feedback-Bögen zu entwickeln. Gerade bei einem 360°-Feedback kann das von großem Nutzen sein, denn hier ist die Wahrscheinlichkeit geringer, dass sich alle Akteure an einem Tisch zusammenfinden.

Sollten Sie hingegen erst ganz am Anfang der Entwicklung einer Feedbackkultur stehen, ist es wichtig, behutsam vorzugehen. Hier eignen sich andere Methoden, wie zum Beispiel die anonymisierte Zielscheibe-Methode, bei der die Mitarbeiter zu bestimmten Aspekten Kreuze oder Punkte auf einer Zielscheibe setzen. Je weiter sich die Kreuze oder Punkte in der Mitte befinden, desto besser hat das Projekt im jeweiligen Bewertungskriterium abgeschnitten.

Es hilft auch, dem Projektteam die psychologische Wirkung der Feedbacks zu verdeutlichen. Zeigen Sie Ihrem Team die sogenannte SARA-Kurve. Dieses Diagramm besteht aus einer x- und einer y-Achse. Die x-Achse beschreibt die verschiedenen Reaktionsphasen, die y-Achse das dazugehörige Level an Emotionalität.

Erfährt man negatives Feedback, sackt das Emotionslevel nach unten, wir sind in Schockstarre bzw. handlungsunfähig. Darauf folgt die Wut, die zweite Reaktionsphase. Hier steigen die Emotionen an und auf der SARA-Kurve erscheint eine Erhöhung. Auf diese Wut folgt in der Regel Widerstand. Wir geraten in eine Art sture Trotzphase, hier begeben sich die Emotionen wieder nach unten. Die letzte Reaktionsphase ist die Akzeptanz. Hier werden wir wieder gelassener und können die Kritik schließlich annehmen. Die Emotionen steigen erneut an. Zeigen Sie Ihrer Belegschaft diese Kurve und zeichnen Sie diese zum Beispiel bei einem Meeting auf ein Whiteboard.

Das wird den Mitarbeitern die Mechanismen der Psyche erklären und ihnen erlauben, Feedback besser annehmen zu können. Kennt man die SARA-Kurve, versteht man das Wechselbad der Gefühle, in das man sich bei negativem Feedback begibt.

Projektbewertung beziehungsweise -auswertung sind essenzielle Bestandteile des Projektmanagements. Nur, wenn aus den begangenen Fehlern Schlüsse gezogen werden, kann sich die Projektkultur in Ihrem Unternehmen kontinuierlich verbessern.

Studien haben ergeben, dass die Wahrscheinlichkeit, Projekt-Feedback anzunehmen, signifikant höher ist, wenn der Verfasser des Feedbacks erkennbar ist. Wenn also ein Mitarbeiter vorschlägt, dass die Führungsebene stärker auf ein positives Arbeitsklima achten sollte, ist die Wahrscheinlichkeit höher, dass die Projektleitung dies auch tut, wenn der Mitarbeiter namentlich bekannt ist. Aus diesem Grund sollten Sie langfristig möglichst auf eine offene Form des Feedbacks umlenken.

Wenn Sie sich dazu entscheiden, nach vorheriger Absprache auch dem Kunden ein Feedback zu erteilen, sollten Sie natürlich darauf achten, das Geschäftsverhältnis zu wahren und den Auftraggeber mit Ihrer Rückmeldung auf keinen Fall zu verärgern.

Schlusswort

Mit dem Wissen, über das Sie nun verfügen, wird es Ihnen in Zukunft leichter fallen, Projekte erfolgreich zu beginnen, zu managen und abzuschließen.

Dieses Buch hat Sie durch das gesamte Projektmanagement geführt. Neben essenziellen Methoden wie dem Projektstrukturplan und der Analyse der Stakeholder haben Sie weitere mächtige Instrumente wie beispielsweise die Risikomatrix zur Klassifizierung von Bedrohungen für das Projekt, Task-Boards zur Echtzeit-Aktualisierung des Projektfortschritts, die Zielscheiben-Methode zur Einführung einer Feedback-Kultur und vieles mehr kennengelernt.

Wichtig ist, dass Sie dieses Buch nun nicht einfach beiseitelegen, sondern das gewonnene Wissen auch konsequent und zeitnah anwenden. Es braucht etwas Mut, neue Wege zu gehen. Vielleicht wirkt es zuerst befremdlich, die Erkenntnisse aus diesem Buch auch tatsächlich umzusetzen – Unruhe in den bewährten „goldenen Käfig" zu bringen. Doch trauen Sie sich! Sie werden sehen, wie sich Ihre Projekte signifikant verbessern.

Sollten Sie sich kurz vor dem Anstoß eines neuen Projektes befinden, nehmen Sie dieses Buch erneut zur Hand. Dadurch haben Sie die Möglichkeit, die Methodik aus diesem Ratgeber unmittelbar umzusetzen. Auch dann, wenn das nächste Projekt noch in einiger Ferne liegt: Es wird sich lohnen, dieses Buch mehrmals zu lesen und einzelne Kapitel noch einmal genau durchzugehen.

Wenn Sie über ein Methodik-Manual verfügen, auf das Ihre Mitarbeiter zurückgreifen können, lohnt es sich, die in diesem Buch besprochenen Methoden darin aufzunehmen. Haben Sie ein solches Manual noch nicht, darf dieses Buch gern der Startpunkt dafür sein. Die Erfahrung zeigt, dass ein Handbuch mit Instrumenten und Methoden für das Projektmanagement, das für das gesamte Team einsehbar ist, mit einer großen Effizienzsteigerung einhergeht.

Empfehlen Sie dieses Buch auch gerne an Kollegen, Chefs und Geschäftspartner weiter. Auf diese Weise können noch mehr Menschen in Ihrem direkten Umfeld von diesen wertvollen Kenntnissen profitieren und den unternehmerischen Erfolg Ihrer Projekte maßgeblich vorantreiben.

Ich wünsche Ihnen eine erfolgreiche Projektarbeit und viel Freude bei der Umsetzung des Gelesenen.

Matthias Brandt

ZEIT & FOKUS
Konzentriert arbeiten

Wie Sie durch Selbstdisziplin und effektives Zeitmanagement maximale Produktivität erreichen und die geheimen Fokus-Strategien der Super-Erfolgreichen anwenden

„Gibt dem Leser allerhand Werkzeug mit, sein Leben als Meisterwerk zu meißeln."

– Amazon Kunde

Das Zeit & Fokus Buch zeigt Ihnen, wie Sie auf Knopfdruck fokussiert arbeiten und in weniger Zeit mehr Ergebnisse erzielen.

In seinem neuen Buch ZEIT & FOKUS verrät Ihnen Matthias Brandt die bisher noch nie veröffentlichten Strategien der Super-Erfolgreichen. **Raffiniertes Zeitmanagement** kombiniert mit **laserscharfen Fokus**, sind die zwei essenziellen Schlüssel für Ihren Erfolg. Dieses Buch ist Ihr persönlicher Leitfaden, wie Sie in kurzer Zeit diese zwei wertvollen Fähigkeiten in sich vereinen.

ISBN: 978-1691263165

Matthias Brandt

SPEED READING
Schneller & besser Lesen

Wie Sie mit einem sicheren Schritt für Schritt System spielend leicht Ihre Lesegeschwindigkeit verdoppeln und Ihre Konzentration nachhaltig steigern

„Ein Muss für alle Wissensgierige!“

– Amazon Kunde

Wie Sie mit Hilfe einer effektiven Schritt für Schritt Formel Ihre Lesegeschwindigkeit verdoppeln und beim Lesen Zeit sparen!

Das Speed Reading Buch zeigt Ihnen einfache Praxis-Strategien auf, mit denen Sie Ihre Lesegeschwindigkeit verdoppeln und dabei Ihre **Konzentrationsleistung** nachhaltig erhöhen. Sehen Sie das Buch als das, was es ist: Ein sicheres **Schritt für Schritt System**, das aus Ihnen einen absoluten Speed Reading Profi machen wird. Dank diesem Buch werden Sie nie wieder kostbare Zeit verlieren!

ISBN: 978-1075798542

Matthias Brandt

Die Top Bestseller im Überblick

RHETORIK
Reden wie ein Profi

Wie Sie ein guter Redner werden, überzeugend auftreten und Ihre wahrgenommene Kompetenz durch erfolgreiche Kommunikation erhöhen

„Wichtiges Buch für ein erfolgreiches Leben.“

– Amazon Kunde

Das Rhetorik Buch zeigt Ihnen, wie Sie dank einfacher Strategien Ihre Rede- und Überzeugungskünste verbessern.

Dieses Buch bietet Anfängern einen guten Start, um Kommunikation zu meistern. Auch aber bekommen Experten neue Einblicke in die Welt der Rhetorik, was dieses Werk zu einer absoluten **Standardlektüre** macht, wenn es um die Kunst der Rede geht. Damit auch Sie Ihre Interessen wirkungsvoll durchsetzen und Ihre Mitmenschen **nachhaltig für sich gewinnen.**

ISBN: 978-1728739243

Julius Loewenstein

Weitere Bücher von Kristin ...

EMOTIONALE INTELLIGENZ
Gefühle verstehen

Wie Sie mit Hilfe effektiver Methoden Gelassenheit lernen, Stress bewältigen, Menschen lesen und Schritt für Schritt Ihre Beziehung verbessern

„Öffnet einem die Augen, Dinge anders zu betrachten und zu handeln."

– Amazon Kundin

Wer heutzutage erfolgreich sein will, muss seine Emotionen verstehen und die Macht der emotionalen Intelligenz für sich beherrschen!

Dieser Ratgeber behandelt alles rund um das Thema Emotionale Intelligenz und zeigt Ihnen **unvorhergesehene Möglichkeiten** auf, wie Sie Ihre Gefühle und Gedanken miteinander in Einklang bringen und durch effektivere Kommunikation ungeahnte Lösungen für Ihren persönlichen Erfolg im Umgang mit anderen Menschen entdecken.

ISBN: 978-1698562346

Kristin Berger-Loewenstein

... und von Julius Loewenstein.

RHETORIK | SMALLTALK | SCHLAG-FERTIGKEIT | SELBSTBEWUSSTSEIN

Das Große 4 in 1 Buch!

Wie Sie die Kunst der Kommunikation, der Körpersprache und selbstbewusstes Auftreten erfolgreich meistern

„Standardwerk für erfolgreiche Kommunikation - das wohl mächtigste Buch zum Thema."

– Amazon Kunde

Das Große 4 in 1 Buch vom Bestseller-Autor Julius Loewenstein!

Dieser Klassiker umfasst die vier Dauer-Bestseller von Julius Loewenstein. In diesem Buch werden essenzielle Erfolgsstrategien gebündelt und **ungekürzt** in vollem Umfang wiedergegeben. Damit Sie das ganze Paket der Persönlichkeitsentwicklung für Ihren Erfolg aus einer Quelle beziehen und dabei kostengünstig auf wertvolles Praxis-Wissen zugreifen!

ISBN: 978-1073655007

Julius Loewenstein

Printed in Germany
by Amazon Distribution
GmbH, Leipzig

16831370R00068